陆巷村志

LOCAL RECORDS OF LUXIANG

江苏省苏州市吴中区东山镇陆巷村志编纂委员会　编

图书在版编目（CIP）数据

陆巷村志 / 江苏省苏州市吴中区东山镇陆巷村志编纂委员会编. -- 北京：方志出版社，2018.11

（中国名村志丛书）

ISBN 978-7-5144-3364-7

Ⅰ. ①陆… Ⅱ. ①江… Ⅲ. ①村史—苏州 Ⅳ. ① K295.35

中国版本图书馆 CIP 数据核字（2018）第 237790 号

·中国名村志丛书·

陆巷村志

编　　者：江苏省苏州市吴中区东山镇陆巷村志编纂委员会
责任编辑：陈　菁

出 版 人：冀祥德
出 版 者：方志出版社
地址　北京市朝阳区潘家园东里 9 号（国家方志馆 4 层）
邮编　100021
网址　http://www.fzph.org
发　　行：方志出版社图书经销中心
电话　（010）67110500
经　　销：各地新华书店
排　　版：北京纺印图文设计制作有限公司
印　　刷：北京中科印刷有限公司

开　　本：787 × 1092　1/16
印　　张：16.25
字　　数：297 千字
版　　次：2018 年 11 月第 1 版　2018 年 11 月第 1 次印刷

ISBN 978-7-5144-3364-7　**定价**：130.00 元

◉ 序一

中共十九大报告明确提出：“坚定文化自信，推动社会主义文化繁荣兴盛。”“没有高度的文化自信，没有文化的繁荣兴盛，就没有中华民族伟大复兴。要坚持中国特色社会主义文化发展道路，激发全民族文化创新创造活力，建设社会主义文化强国。”编修地方志是中华民族千百年来的固有传统，留下了浩如烟海的历史文献，承担着传承中华文明、发掘历史智慧的重任，发挥着存史、育人、资政的作用。

在习近平新时代中国特色社会主义思想指引下，在增强文化自信、推动传统文化创造性转化、创新性发展背景下，全国地方志事业迎来了开拓创新与转型升级的重要机遇期。中国地方志指导小组及其办公室组织实施的中国名村志文化工程，用中国独有的文化载体——地方志，来记录乡村的“名”和“特”，记录乡村全面建成小康社会的进程和取得的成就，是地方志围绕以人民为中心开拓创新的具体举措，是传承乡土文化、坚定文化自信、加快建设社会主义文化强国的内在要求，是服务乡村振兴战略、加快全面建成小康社会、推进社会主义现代化建设、实现中华民族伟大复兴中国梦的应有之义。

实施中国名村志文化工程，是方志人贯彻落实习近平总书记“农村要留得住绿水青山，系得住乡愁”重要讲话精神的重要举措。“望得见山、看得见水、记得住乡愁……”习近平总书记用诗意的语言为中国的新农村建设指明了方向。开展新农村建设、美丽乡村建设，一定要把绿水青山保留下来，尽可能在原有村庄形态上改善农民生活条件，不盲目拆旧，也不盲目造新，让家乡的每一条河、每一棵树、每一口井，都能永远成为我们的乡愁。这是我们弘扬传统、面向未来的底气所在。那么，如何留住乡音、乡风、乡思，继承传统文化菁华，挖掘历史智慧，成为极其重要的工作。实施中国名村志文化工程，保护抢救、传承保存、开发利用宝贵的村落文化，重新唤起人们记忆中古老村落的青山绿水、小河大树、轶事掌故，打造完整记录乡村发展嬗变和现代化农村经济社会运行模式的系列中国名村志丛书，让乡土文化回归并为困惑的当代人提供精神家园，让农耕文化的优秀菁华成为建构农村文明的底色，无疑具有重要的现实意义和深远的历史意义。

实施中国名村志文化工程，是方志人贯彻落实党中央乡村振兴战略的鲜活实践。中共十八大以来，以习近平同志为核心的党中央高度重视农业、农村、农民工作，提出了许多新理念、新思想、新战略，特别是中共十九大报告作出实施乡村振兴战略的重大部署。2018年9月26日，中共中央、国务院印发《乡村振兴战略规划（2018—2022年）》，明确提出“鼓励乡村史志修编”。深入推进中国名村志文化工程，有利于全面翔实记录乡村振兴进程，客观记载地理环境、历史沿革、姓氏源流、人口、民族、方言、民居、宗祠、风俗习惯、家谱族谱、家规族规、宗教信仰、文物遗址、掌故传说、历史事件、人物等，完整保留乡土文化的原貌。所有这些工作，可以为延伸地方志工作触角，充分发挥志书存史、育人、资政功能提供借鉴；可以为社会各界和华人华侨、港澳台同胞寻根问祖、反哺桑梓、泽被乡里提供帮助。依托中国名村志文化工程的重要平台与载体，乡村振兴战略下的现代乡村将进一步挖掘自身独特内涵，彰显其新时代的作用及意义。

中国名村志文化工程从新时代中国特色社会主义的新需求出发，创新体例，立足实际，内容既严谨又通俗，展示了不同地区自然和社会风貌，在坚持志体基础上运用专题报告、回忆录、人物访谈、新闻资料等多种手法，重点介绍农村地区在转型发展方面的探索、示范、引领意义，对于不断提高地方志事业围绕中心服务大局的能力，为乡村改革发展贡献历史智慧，讲好中国故事，彰显中国软实力，增强“四个自信”等方面具有积极意义。

两年来，在借鉴中国名镇志丛书及各地乡镇（村）志宝贵编纂经验的基础上，中国名村志丛书编修不断取得丰硕成果，产生了良好的社会效益，新一批中国名村志的申报数量、覆盖范围延续强劲增长态势，充分体现出强大的内生动力。下一步，要总结经验、把握规律，为服务国家城镇化建设和乡村振兴战略打造更多优秀文明成果，推动中华优秀传统文化创造性转化和创新性发展，从中提炼出适合新时代、新形势、新变化、新要求的文化精髓，展现中国方志的当代价值和世界意义。

是为序。

中国社会科学院院长
中国地方志指导小组组长　谢伏瞻

◉ 序二

连绵不断地编修地方志是中国独有的优秀文化传统，承担着赓续文明、传承文化的重任。保存至今的8000余种、10万余卷历代方志，蕴含着传统文化基因和海量文化信息，既是中华优秀传统文化的重要组成部分，又是传承、彰显中华优秀传统文化的重要载体。

在各种类型的地方志编纂中，村志编纂古已有之，但从未进入国家层面的地方志编纂序列。新中国成立以来，党中央、国务院高度重视包括村志编纂在内的地方志工作，出台了重要文件。中央领导发表了重要讲话、作出了重要批示。习近平总书记高度重视包括村志编纂在内的地方志工作。2004年10月，他在担任浙江省委书记时到江山市凤林镇白沙村考察，看到村民编纂的《白沙村志》，鼓励村民把村志继续编纂下去。2014年4月，刘延东副总理在与第五次全国地方志工作会议部分会议代表座谈时指出："要结合发展的新形势，加强对地方志包括部门志、行业志、专题志、乡镇村志编纂的业务指导和服务。"2015年8月，国务院办公厅印发的《全国地方志事业发展规划纲要（2015—2020年）》，正式将中国名村志文化工程列为主要任务之一。2017年5月，中共中央办公厅、国务院办公厅印发的《国家"十三五"时期文化发展改革规划纲要》指出："完成省、市、县三级地方志书出版工作。开展旧志整理和部分有条件的镇志、村志编纂。"可以说，村志编纂迎来了历史上的最好时期。

农业、农村、农民"三农"问题，是数千年来影响中国社会发展最核心的问题。中共中央高度重视"三农"工作，从2004年起，连续13年，每年的中央1号文件都聚焦"三农"。中共十九大报告更是提出"农业农村农民问题是关系国计民生的根本性问题，必须始终把解决好'三农'问题作为全党工作重中之重"，特别是提出了"乡村振兴战略"，这是中国共产党在中国特色社会主义进入新时代后，对农村发展问题所做出的准确把握和与时俱进的战略应对，是建设中国特色社会主义强国战略的重要组成部分。改革开放近40年来，在党中央、国务院高度重视社会主义新农村建设的新形势下，各地涌现出一大批历史文化名村、经济强村、新农村建设示范（试点）村、美丽乡村和特色村，成为先进生产力和先进文化的代表。客观记录中国农村全面建成小康社会的进程，向后人展示在中国共产党领导下农村千年未有的巨变，是地方志工作者肩负的光荣而重大的历史使命。编纂中国名村志丛书，是记载当代中国农村发展变革的重要途径。

文化寻根，寻的是其发展的源头和根基。村落是中国传统文化的根基所在。农村的生产生活方式、社会规范、宗族文化、宗教文化、民风习俗、传统节日、民间艺术等，无不镌刻着中国人独特的民族性格，这就是家国情怀、文脉绵延、精神归属。在快速城镇化进程的冲击和开发性破坏下，大量传统村落面临消亡的危机，村落蕴含的历史文化信息也流失殆尽，抢救性保护刻不容缓。编纂中国名村志丛书，是保存村落历史文化信息，抢救、保护村落文化最好的方式。

一方水土养一方人。家乡的山水草木、村间小巷、乡俗民情会在每个人心头留下深刻的烙印，这就是故土情结。而村落的形成与发展离不开人的活动。编纂中国名村志丛书，通过记述村落建筑、名门望族来追溯村落的历史；通过记述村落规模、布局、人口、物产等反映人口来源、宗族兴衰、生活习惯、文化背景、宗教信仰、经济发展等，体现环境与人相互影响、相互作用、相互发展的既矛盾又统一的关系；通过记述戏剧、音乐、舞蹈、美术、文学、手工技艺等文化形式，展示百姓在长期的生产生活实践中摸索和总结出的智慧结晶，强化人们沟通感情的纽带。编纂中国名村志丛书，是传承乡俗、诉说乡音、记住乡愁、纾解乡思，激活历史传统、唤起共同文化记忆、塑造共同心灵认同的重要文化工程。

中国名村志文化工程以践行文化自信、传承中华文脉、彰显时代发展为己任，以打造全国地方志系统的重要品牌为目标，在体裁运用、篇目设置、资料选择等方面进行大量的创新，突出“名”和“特”，拣选各个名村中最值得记述、最具有代表性的人、事、物，予以浓墨重彩的描画，从而形成系列的、高质量的、可读性强、雅俗共赏的地方志读本，让地方志紧接地气、贴近百姓，让地方志成果进入寻常百姓家，让人民群众共享地方志成果，让越来越多的人从地方志中感知传统、历史和记忆，成为传统村落和传统文化的守护者，成为中华优秀文化的传承者。

是为序。

中国社会科学院原院长
中国地方志指导小组原组长　王伟光

◉ 序三

习近平总书记指出："让居民望得见山，看得见水，记得住乡愁。"这句富有诗意的重要论述不仅唤醒了中国人城镇化建设过程中对于人和自然关系、人和历史关系的思考，同时也引发了学界对"乡愁"进一步进行文化意义解读的兴趣。从本质上看，乡愁是一种源自主体体验的情感，隐含了一种人们带着乡愁追寻自我生存与生命意义、追寻诗意栖居的精神家园的美学思辨。同时，这种追寻自我生存的主体逐渐转向大众群体，乡愁也由传统单一的"文化乡愁""爱国情怀"演变为对于"理想家园"的精神追求。

中国有近 60 万个村庄，约有 5000 个古村落，被住房城乡建设部和国家文物局界定的传统村落就有 1561 个。随着中国城镇化步伐的加快，乡村的版图日渐凋敝，大批农村青壮年劳动力走进城镇，融入了新的生活。然而，每逢传统佳节，那种挥之不去的离愁别绪挟裹着亿万农民工，又融入了返乡的滚滚洪流。这是乡愁的情愫牵动着他们，是故乡的山、故乡的水、故乡的老屋、故乡的小吃在牵动着他们，是故乡家家户户的楹联和口口相传的故事，以及只有在隆重的传统佳节才有的古老的民风习俗在牵动着他们。

文化可以体现一个民族、一个国家、一个社会的重量与体温，这是文化的力量之所在，而村落是传统中国的根脉所系，乡土社会是最能够体现中国传统文化特征的地方。梁漱溟曾指出："中国文化是以乡村为本，以乡村为重，所以中国文化的根就是乡村。"我曾在《建设社会主义新农村的理论与实践》一书中指出，在新农村建设的过程中，必须"保护和发展有地方和民族特色的优秀传统文化，创新农村文化生活的载体和手段，满足农民群众多层次、多方面的精神文化需求"，而编纂村志尤其是实施中国名村志文化工程就是一个重要举措。实施中国名村志文化工程，编纂中国名村志丛书，以最基层的村落为研究对象，寻根传统村落的历史，梳理村落的发展脉络，以唤起人们的归属感和认同感，探索新型城镇化和社会主义新农村建设过程中，如何留住乡音、乡风、乡思，继承传统文化精华，挖掘丰富历史智慧，是贯彻落实中央城镇化工作会议精神和中共十九大提出的“乡村振兴战略”的重要举措，是当前和今后一个时期全国地方志工作者的重要工作。

虽然村落文化正在日益远离当下生活，但我们可以抓住诸如基本村情、文物胜迹、古村保护、特色文化、旅游名胜、村域经济、风土民情、村民生活、新农村建设、艺文杂记、名人与名村等关键内容，通过志书的手法来诠释乡村文化的精华。我们如实记录着村落里的人和事，以及青山绿水、小河大树、袅袅炊烟，力争以最完整、最原真的方式呈现村落的前世今生。我们要为“迷失”的人留住乡村文化的根脉，让人们难以割舍的乡愁得以慰藉和释放。

中国名村志文化工程将触角伸向那些极具代表性的村落，它们有的历史悠久、名人辈出，有的经济腾飞、重获新生，有的风景秀丽、景观独特，有的地处边陲、神秘莫测……我们挖掘中国不同类型村落的发展之路，为探索新型城镇化和社会主义新农村建设的发展经验、发展模式、前进道路提供历史智慧和现实借鉴。因此，打造以重在表现乡村嬗变为主旨的中国名村志丛书十分必要和迫切，这是一项功在当代、利在千秋的文化工程。

近年来，随着中国经济社会的发展和国际地位的提高，越来越多的人想要认识中国、了解中国、研究中国。在这样的形势下，乡村是不可或缺的一环，我们要集中讲好发生在乡村的故事，向世界呈现一个多元的、立体的中国。乡村历经岁月变迁的风雨，见证着改革开放的步伐，寄托着数代中国人的情感。发生在乡村的故事无疑是血肉丰满的、震撼人心的、引起共鸣的。我们应该有这个自信能够讲好乡村故事，讲好中国故事，描绘出中国的底色，“让每一个中国人都能在地方志中找到自己的位置”。

可喜的是，越来越多的有识之士认识到了这一点，加入到保护、传承、发展村落文化的队伍中来。仅就编纂中国名村志丛书来看，第一批的申报范围就涵盖包括香港特别行政区在内的 32 个地区，申报数量高达 70 余部。“直笔著信史，彰善引风气，为当代提供资政辅治之参考，为后世留下堪存堪鉴之记述”，这是我们的初心和使命。希望中国名村志文化工程的实施，能够带动更多的人关注中国乡村文化，为社会主义文化强国建设作出更大的贡献。也希望越来越多的名村都来融入继承中华文化传统、颂扬中华传统文化的活动中，让正能量更多地润泽温暖人们的心灵，让更多的人“记得住乡愁”！

是为序。

中国社会科学院副院长
中国地方志指导小组常务副组长 李培林

◉《陆巷村志》编委会

第一届

主　任　叶庆荣

副主任　杨维忠

委　员　王迎元　姜婷兰　朱文敖　费绍良　金良华　王振明

第二届

主　任　王天洪

副主任　杨维忠

委　员　王迎元　朱文敖　费绍良　金良华　顾玉明　杨　丽　王振明

◉《陆巷村志》编辑部

主　编　杨维忠

编　撰　王振明　朱文敖

摄　影　张颂钧　金其传　黄　寅　计龙根　倪浩文　陈爱民　翁建明　张炎龙　秦伟根　许育群　许青冠　邢惠英　徐正英　朱文敖　袁伟东　侯东风

古村一角

◉ 中国名村志丛书凡例

一、以马克思列宁主义、毛泽东思想、邓小平理论、“三个代表”重要思想、科学发展观、习近平新时代中国特色社会主义思想为指导，坚持辩证唯物主义和历史唯物主义的立场、观点和方法，存真求实，全面、客观、系统记述中国名村村落发展变化进程和改革开放成果，传承和抢救乡土历史文化，激发爱国爱乡情怀，留住乡愁，为探索中国特色新型城镇化建设、服务乡村振兴战略提供历史智慧和现实借鉴。

二、为全面反映入志事物发展脉络，各志上限尽量追溯至事物发端，下限一般断至各村志启动编修年份，个别重大事项可延至搁笔。详今明古，着重反映时代特色和地方特点，重点体现各村的“名”与“特”。

三、记述地域范围以下限年份的行政辖区为主。为体现名村在更大区域内的意义，可以从更开阔的区域视野记述与该村相关的内容。

四、统一采用纲目体，设类目、分目、条目三个层次。横排门类，纵述史实，述而不论。

五、综合运用述、记、志、传、图、表、录等各种体裁，以志体为主。体裁运用适当创新，篇目设置不求面面俱到，一般意义上的村级内容略去不载。

六、除引用文字和附录文献资料外，统一使用规范的现代语体文记述，行文力求朴实、严谨、简洁、流畅、优美，具有较强可读性。

七、人物部类遵循“生不立传”原则，人物传主按生年排序，只选录对本村发展有重大影响的人物，不面面俱到。

八、各项数据一般采用国家统计部门数据。数据缺乏的，采用主管部门或主办单位正式提供的数据。

九、数字用法、标点符号、计量单位分别执行国家标准《出版物上数字用法》

（GB/T 15835—2011）、《标点符号用法》（GB/T 15834—2011）、《国际单位制及其应用》（GB 3100—1993）和《有关量、单位、符号的一般原则》（GB 3101—1993）。历史上使用的计量单位，如斗、石、里、尺、磅、华氏度等，在引文时可照录。考虑到社会使用习惯，全书中亩不统一换算。

十、中华民国成立前的纪年，使用朝代年号纪年，括注公元年份；中华民国成立后的纪年，均使用公元纪年。志中所称“解放前（后）”，以该村解放日为界；“新中国成立前（后）”，以中华人民共和国成立日 1949 年 10 月 1 日为界；“改革开放前（后）”，以 1978 年 12 月中共十一届三中全会召开为界。本志“××年代”，凡未加世纪者，均指 20 世纪。

十一、为节省篇幅，避免重复，本志采用条目互见法。参见条目的表示形式为：参见本志“××类目·××分目·××条目”。

十二、对旧志、古籍中的繁体字、冷僻字一般用简化字或通用字替换，易引起误解的则保留。

十三、记述各个历史时期的党派、机构、职务、地名等，均以当时的名称为准。对频繁使用的名称，首次用全称并括注简称，其后用简称。

十四、各村志需要单独说明的事项，均在各自编纂始末中记述。

陆巷村在中国的位置

图 例

★ 北京	首都
○ 天津	省级行政中心
未定	国界
	省、自治区、直辖市界
	特别行政区界
●	名村所在县级区域
●	名村

1：32 000 000

审图号：GS（2018）2667 号

陆巷村在江苏省的位置

丰县
沛县
贾汪区
鼓楼区
徐州
铜山区
徐州市
邳州
睢宁
宿迁
宿豫区
宿迁市
新沂
东海
赣榆区
连云区
东西连岛
连云港
连云港市
灌云
沭阳
灌南
响水
滨海
阜宁
射阳
盐城
盐都区
建湖
大丰区
东台
盐城市
涟水
淮阴区
淮安
淮安区
淮安市
泗阳
泗洪
洪泽区
盱眙
金湖
宝应
高邮
兴化
扬州市
泰州市
姜堰区
海安
如皋
如东
南通市
通州区
南通
海门
启东
江都区
广陵区
扬州
仪征
泰州
高港区
泰兴
靖江
扬中
镇江
丹徒区
丹阳
句容
镇江市
六合区
浦口区
栖霞区
南京
江宁区
南京市
溧水区
高淳区
金坛区
溧阳
常州
武进区
常州市
江阴
惠山区
锡山区
无锡
宜兴
无锡市
张家港
常熟
太仓
昆山
相城区
苏州
吴中区
吴江区
苏州市
东山镇
陆巷村
洪泽湖
高邮湖
太湖
长江
黄海
图例
南京 省级行政中心
苏州 地级市行政中心
溧阳 县级行政中心
省界
地级市界
名村所在县级区域
名村所在乡镇
名村
1∶3 060 000
审图号：GS（2018）2667号

陆巷村平面示意图

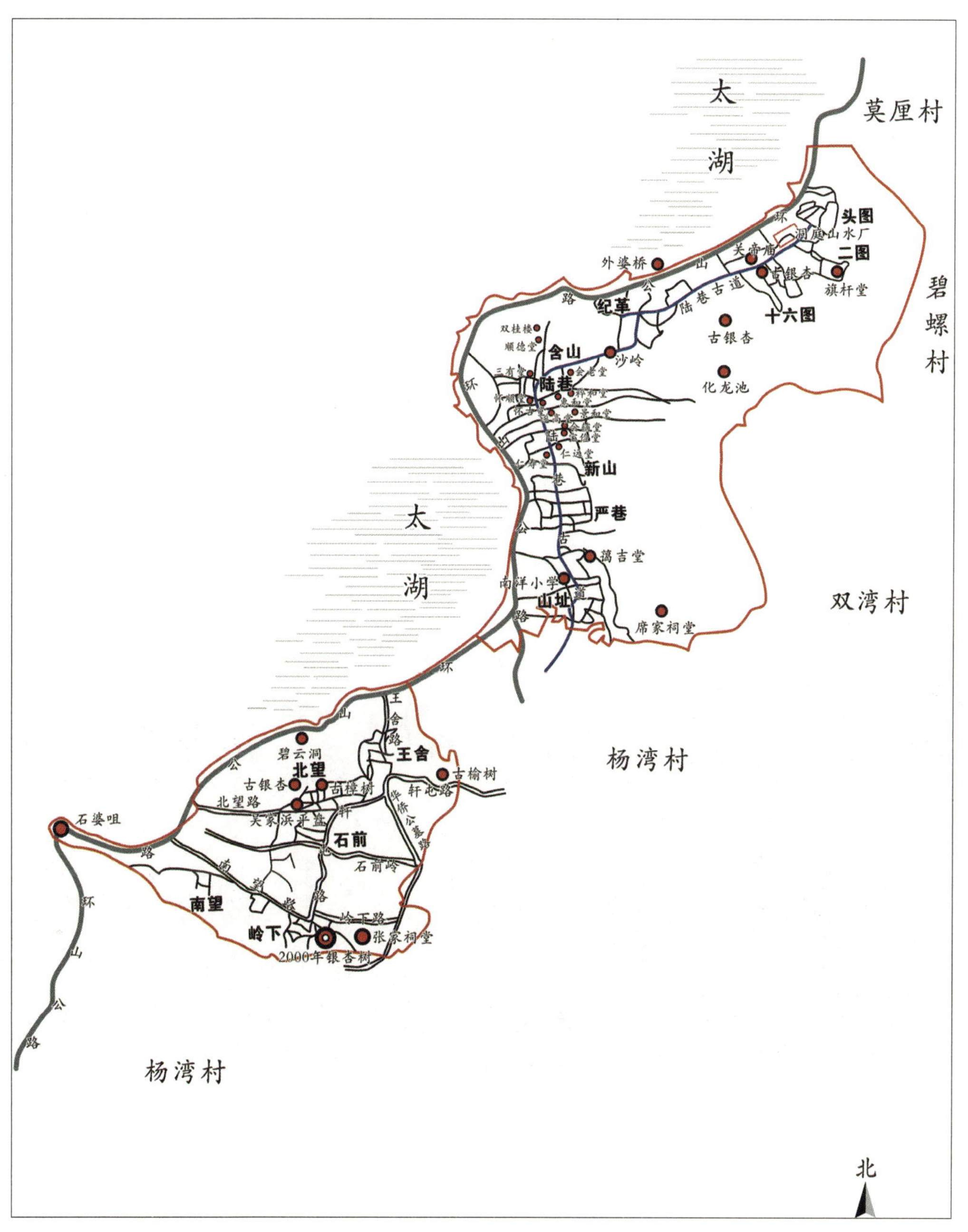

太湖
莫厘村
头图
洞庭山水厂
关帝庙
二图
古银杏
旗杆堂
碧螺村
外婆桥
环山公路
陆巷古道
纪革
十六图
古银杏
双桂楼
顺德堂
含山
沙岭
会老堂
陆巷
化龙池
新山
严巷
太湖
蔼吉堂
南洋小学
山址
席家祠堂
双湾村
王舍路
王舍
古榆树
杨湾村
碧云洞
北望
古银杏
古樟树
北望路
石婆咀
石前
石前岭
南望
岭下路
岭下
2000年银杏树
张家祠堂
杨湾村
北

陆巷全景图

湖中小岛

陆巷春色

陆巷夏荷

陆巷秋色

陆巷冬雪

解元

◉ 目录

状元阁臣故里
绿野红裳古村

陆巷古村，位于江苏省苏州市西南太湖中，距东山镇 13 千米，北临太湖，南靠嵩山，东接莫厘尚锦，西连杨湾石桥，与洞庭西山隔湖相望，区域面积 7.19 平方千米。2003 年 11 月，由原含山、白沙、北望 3 个行政村合并而成，设 31 个村民小组。截至 2016 年 12 月，全村共有 1472 户、5123 人。

陆巷，背山面湖，景色秀丽，“清泉惟嵩岭，胜景甲五湖”，被誉为“科举之村”“教授之村”“古建筑之村”“名果湖鲜之村”，并被评为“全国影视指定拍摄景地”。2006 年，被列为全国农业旅游示范点。2007 年，入选第三批“中国历史文化名村”。2012 年，入选全国首批“中国传统村落”。2013 年，被评为国家 AAAAA 级旅游景区。2015 年，获国家“中华民居开发与保护示范村”称号。

岁月久远，底蕴深厚。站在陆巷嵩山之巅远眺，云气挟山，太湖空蒙，一幅“水是眼波横，山是眉峰聚”的传神图画展现在眼前。远方北望山、南望哨、烽火墩在雾霭中若隐若现；近处寒谷山、箭壶岛、纪革村又似浮在白云之上；寒山、蒋湾、陆巷三条溪水奔流入湖，倍感神秘。依山临湖，群峰环抱的陆巷，三千年的文明史，八百年的建村史，给古村留下了诸多绿野红裳的美景和灿若星辰的文化遗产。村前湖中的南、北箭壶岛，西边湖畔的北望、南望军事瞭望哨，都是东周留下的文化遗址。宋室南渡，筑起六巷。南宋建炎初年，南渡大军途经太湖，见湖岛风光秀丽，与世隔绝，多名战将把家眷安置在寒谷山下。后来他们解甲归田，依岩架栋，辟巷建村，形成陆巷。

水映群峰，茶果飘香。陆巷山水兼备，风光秀丽，物产丰饶。寒山落照、化龙飞泉、沙岭春晓、五湖帆影等景观，清初就名列东山古十景之前茅，为历史上著名的游览胜地。“一年十八熟，四季果香”，枇杷鲜、杨梅甜、银杏糯，而碧螺春茶更是集“龙井洁，武夷润，芥山鲜……三美一齐兼”，名列中国十大名茶前茅，制作技艺被列为国家级非物质文化遗产。银鱼、白虾、梅鲚“太湖三宝”，名扬四海。湖蟹、青虾、甲鱼、沙塘鳢等水产品丰富；莼菜、菱角、莲藕、茭白、慈姑、芡实等水中“八仙”四季不绝。

地灵人杰，名贤辈出。陆巷历史上出了 48 名进士与举人，其中有清代状元王世琛。近百名知县以上官员，其中南宋叶梦得与明代王鏊，都曾为朝廷重臣。近现代，陆巷村出了 60 多名教授、研究员。其中，王守武、王守觉兄弟与何泽慧、程庆国为中科院院士，因而陆巷有“状元阁臣故里，院士教授摇篮”之誉。陆巷又是明清“钻天洞庭”的故里，元明时的陆子敬、王彦祥、叶良辅都是有名的大商人，明代中期的王惟贞，则被商界誉为“江湖客师”。明清两代，陆巷村载入府县方志与家谱的名商达百位之多。

古街古巷，沉厚苍古。陆巷是“武将隐居、种果起家、经商发迹、科举显世”，中国传统乡土文脉的典型代表。村内建筑恢宏，道路皆以小青砖侧砌成人字纹、双钱纹、如意纹，主街则用武康石铺筑，因其色紫，故称紫石街。街上高耸着探花、会元、解元3座明建牌坊。村中文宁、康庄、固西、旗杆、姜家、韩家巷6条古巷，青砖斑驳，小溪淙淙，明清风貌依然。街巷两侧的30多幢旧宅，各具建筑艺术和历史文化特色。

春华秋实，一路走来。风梳柳枝，蝶舞樱花，天生丽质，宛若梦中桃源的陆巷古村，在保护中发展，发展中前进，保护生态与发展旅游相结合，围绕古街古巷、明清园林、宅第民居、古风民俗等历史文化资源，打造形成集古街探幽、山村观光、文化体验、休闲度假、乡村旅游等于一体的旅游休闲模式。形成一街、二园、三港、三馆、五厅堂共计14个景点，3条游览线路。“寒谷渡口舟争流，紫石街上客如潮”。陆巷古村正笑容满面，以诚相见，喜迎四海游客。

基本村情

陆巷古村，背山面湖，景色秀丽，八百多年来，名人辈出，是南宋名臣叶梦得，明代大学士、阁臣王鏊和清代状元王世琛的故里。古村屋宇恢宏，巨宅鳞比，村中保留古街、古巷、古庙、古墓、古泉达一百多处。

◉ 陆巷村落

区位交通 东洞庭山，简称东山，湖中半岛，坐落在江浙交界的西南太湖中，地处北纬 31° ~ 31° 07′和东经 120° 20′ ~120° 27′之间。陆巷位于东山镇北部，距镇中心 13 千米，东至莫厘尚锦村，西接杨湾石桥村，南靠嵩山，北临太湖，与洞庭西山隔湖相望。

陆巷偏于东山北部湖畔，旧时交通较为闭塞。民国时期，对外交通主要靠翻越平岭、虾蝃岭（又称二十四湾）到前山镇上，或至杨湾轮船码头乘坐轮渡出行。1976 年，全长 22 千米的环山公路筑成，陆巷村开始通汽车。1990 年，东山后山建成集防洪、交通、游览于一体的环太湖大道，开设东山汽车站至陆巷码头的旅游线，陆巷村开始有公交班车往来。1995 年环山公路拓宽，从岱松村拓宽到陆巷码头。路面由原来的 4 米拓

靠山面湖

宽成9米，全部浇筑水泥路面。1996年，陆巷村区域内公路沿途新建并加宽白沙桥、外婆桥、含山桥、陆巷桥、蒋湾桥、严巷桥、振兴桥、朱巷桥8座公路桥梁。2015年9月，开通东山前山至陆巷的627、629两路公交车，陆巷交通更为便利。

鸟瞰陆巷

山坞中的村庄

环山公路

村中古道

陆巷距东山镇中心 13 千米、苏州吴中区 53 千米、上海 120 千米、南京 180 千米、杭州 140 千米，以上各大中城市都可通过苏州绕城高速公路南段与沪宁、苏嘉杭高速公路贯通，到南京车程不超过 3 小时。从苏州火车站乘 502 路或苏州南门汽车客运站乘 62 路公交车到东山，换乘 627 路、629 路公交车均可到达陆巷。自驾车到东山陆巷所行线路有二，一是沪宁高速、苏嘉杭高速、苏沪高速接入苏州绕城高速至东山道口出，经环太湖大道、东山大道到达陆巷；二是中环快速路接吴中大道与东山大道相接可直达陆巷。

地名由来 陆巷，始名王巷。南宋初年，太原王氏千七将军等一批护驾南渡的将士途经太湖，见东后山湖畔风光秀丽，地势险要，便把家室安顿于山下，后千七将军等将士解甲归田，以种果经商为生。王、叶、韩、姜、李、夏六名武将，迁居后山太湖湖畔，依山筑起多幢宅第，六姓形成六条古巷，得名陆巷。据 1937 年王季烈所撰《莫厘

古车道

陆巷古建筑遗存——民国菜场

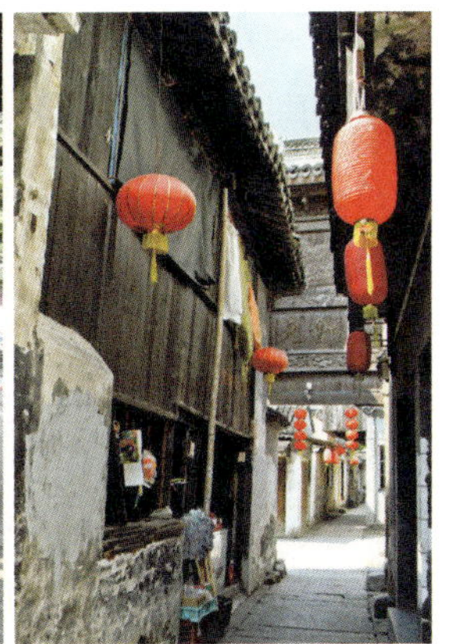

古街

王氏族谱》载，王氏千七将军第七代王彦祥，入赘邻村陆子敬家为婿，生五子，皆取得成就，后王彦祥率子归宗王姓，在村口“择隙地，斩草莽，披瓦砾”，同五子艰苦劳作多年，建起数座大宅，名陆王村，后演化成陆巷。

建置区划 吴越春秋时，吴国在今北望村湖畔设北望、南望军事瞭望哨，为吴国军事属地。东周元王三年（前 473），越王勾践灭吴，东山属越，陆巷随之。东周显王十四年（前 355），楚灭越，陆巷为楚境。秦始皇二十五年（前 222）置会稽郡，治吴县，陆巷为吴县辖地。北宋政和三年（1113），陆巷随东山隶属湖州乌程。明洪武五年（1372），陆巷从乌程划归吴县。清乾隆元年（1736），设太湖厅（县级），厅署驻东山，陆巷属太湖厅。清咸丰十年（1860），东山一度隶属浙江湖州府，陆巷随之。民国撤太湖厅，归属吴县，东山设前、后山两乡，陆巷属后山乡。新中国成立后，东山隶属苏南行政公署太湖区行政办事处，陆巷属后山乡。1951 年，撤太湖区行政办事处，东山划归吴县。1953 年，设震泽县，县治驻东山，陆巷属震泽县后山乡。1959 年，撤震泽县建置，并入吴县，东山属吴县，陆巷随之。1995 年 7 月，吴县撤县设市，陆巷属吴县市。2000 年，撤吴县市，设苏州市吴中区、相城区，陆巷隶属苏州市吴中区东山镇。

明代县以下设乡，乡以下设都、图（村），明初东山设置 5 个都，即第 26 都至第 30 都，陆巷属第 28 都震泽乡。清康熙年间（1662—1722），东山划为 3 个乡、5 个都，统 42 个图，陆巷属第 28 都。清中期，县辖都图制进一步细化，清乾隆《太湖备考》载：“二十八都，震泽乡，统十九图，在东山。地名：吴湾、白沙、嘶马坞、纪革、寒山、陆巷、蒋湾、嵩下、山嘴、大湖头、朱巷……”上述村名都在陆巷行政村区域内。

1929 年，东山划为吴县第 17 区，设 5 镇、38 乡。陆巷区域内包含 5 个乡，即朱巷乡、白沙乡、含山乡、蒋湾乡、王舍乡。1933 年，东山划为吴县第 12 区，区以下设 4 镇、6 乡，其中，陆巷、白沙属蒋含乡，北望属王石乡。1946 年，东山区与横泾区合并，原 10 个乡镇并为 3 乡、3 镇，陆巷属文恪乡。

新中国成立后，东山隶属苏南行政公署太湖区行政办事处，设区政府，全区划为 1 镇、8 乡，即东山镇，湖湾乡、渡桥乡、新潦乡、镇西乡、涧桥乡、杨湾乡、后山乡、三山乡，陆巷为后山乡政府所在地。

1953 年 5 月，苏南行政公署太湖区行政办事处改设震泽县，下辖东山、西山及湖中区 3 个区，县政府设在东山，湖中区政府驻地设在陆巷。1957 年撤区并乡，合并成后山、渡桥 2 个乡和 1 个东山镇，白沙村属后山乡和平二社，含山村属后山乡和平三社，北望村属杨湾乡虹光一社。

1958 年，后山乡（包括陆巷）成立洞庭人民公社，前山乡（包括东山镇）成立东山人民公社。一年后，前山、后山乡合并为一体，设立“政社合一”的洞庭人民公社。同年，震泽县成立太湖人民公社，陆巷为太湖人民公社政府所在地。1961 年 10 月，太湖人民公社机关迁离陆巷。

1959 年 3 月，撤震泽县建置，与吴县合并，洞庭人民公社归属吴县。

1962 年，洞庭人民公社划分 30 个大队、231 个小队（生产队），白沙属和平二大队，含山属和平三大队，北望属虹光一大队。1962 年，虹光一大队改称北望大队。

1968 年，公社、市镇由人武部代管，公社及生产大队建立革命委员会（以下简称革委会）。白沙改为战斗大队革委会，含山改为红旗大队革委会，北望改为北望大队革委会，1969 年更名为庆九大队革委会。

1981 年，撤洞庭人民公社革委会，改为东山人民公社管理委员会，大小队组织相应撤销革委会和革命生产领导小组。战斗大队革委会更名为白沙大队，红旗大队革委会更名为含山大队，庆九大队革委会更名为北望大队。

1983 年，实行政社分设，恢复乡、村行政建制，同时设立东山乡人民政府，乡以下设村民委员会及村民小组，白沙大队改为白沙村村民委员会，含山大队改为含山村村民委员会，北望大队改为北望村村民委员会。

2003 年 12 月，白沙、含山、北望三村合并成陆巷行政村。

自然村简介

陆巷村共有 22 个自然村落，坐落在西太湖南岸，南靠平岭、白沙岭、虾蟆岭、寒谷山、嵩峰、王舍山、北望山、格思山等峰岭，北临太湖。东面起自白沙头图自然村，西端到北望南望自然村止，湖岸线长达 7.19 千米。

头图　明代属震泽乡 28 都 1 图，得名头图。位于白沙村西北端，平岭山下，北临太湖。2016 年年末，辖陆巷白沙村第一村民小组，有村民 45 户、164 人，以茶果种植为主。村中张、朱两姓占总人口的 60%。保存有郑氏宗祠，祠内有 2 块清代乾隆皇帝敕赐的《东山郑氏诰命碑记》。

二图　明代属震泽乡 28 都 2 图，得名二图。位于白沙山麓，西邻十六图，西北濒临太湖。2016 年年末，辖陆巷白沙村第二村民小组，有村民 80 户、235 人，主业为茶果种植。村中以叶、吴两姓为主。村内古建筑保存有桂公亭、世德堂等。

十六图　明代属震泽乡 28 都 16 图，得名十六图。位于二图西面，南接虾蟃岭，西北临太湖。2016 年年末，辖陆巷白沙村第三、第四 2 个村民小组，有村民 110 户、366 人，以茶果种植为主。村中以张、叶两姓为多。村内有吴仲雍祠、关帝庙、浮碧亭、耕心堂、达顺堂及 3 株树龄达 500 年以上的古银杏树等。

纪革　因村内纪革港而得名，位于白沙村西南，东接虾蟃岭，北临太湖。2016 年年末，辖陆巷白沙村第五、第六 2 个村民小组，有村民 142 户、461 人，以茶果种植为主，其中所产白沙枇杷最为著名。村中以吴、叶、朱三姓为主。古迹有芝庭、王氏支祠、化龙池、清沙岭猛将堂等。芝庭，为明代隐士叶明哲筑，大学士王鏊为

纪革村

之书“芝庭”园额，祝允明作《芝庭记》，遗址碑石尚存。

惠头 又名汇头，因嵩山有两股溪流在村口汇合而得名。位于含山村东北端，沙岭脚下。2016年年末，辖陆巷含山村第一、第二、第三3个村民小组，有村民96户、321人，以茶果种植为主。村中以王、宋两姓为多。保存有会老堂，因明正德年间（1506—1521）大学士王鏊致仕归乡后，曾同兄弟及好友6人建六老会，常在宅中诗酒酬答，故名会老堂。

寒山 又名韩山，位于寒谷山下，北临太湖。2016年年末，辖陆巷含山村第四、第五、第六、第七、第八、第九等村民小组，有村民156户、604人，以茶果种植为主。村中朱姓占总人口的60%以上。古迹有著名的寒谷山试箭阁、可月堂和寒山公园等，“寒山落照”为东山清初“古十景”之一。

陆巷 又名陆王，南靠嵩山，西临太湖，北与含山村交界。2016年年末，辖陆巷含山村第十、第十一2个村民小组，有村民52户、175人，以茶果种植为主。村中原以王姓为多，现以徐、叶、张姓为主。陆巷系莫厘王氏世居之地，村中有著名的明代紫石街及探花、会元、解元三座牌坊，以及遂高堂、惠和堂、粹和堂等10多幢明清时期建筑。1950年，陆巷曾为后山乡政府所在地。1958—1961年，是吴县太湖公社所在地。1984年，建造陆巷码头，成为通往西山岛的主要渡口。

蒋湾 旧称后巷，为北宋“南叶”叶元

陆巷村

辅裔孙所居，位于陆巷古村景区南入口处。2016 年年末，辖陆巷含山村第十二村民小组，有村民 75 户、229 人，以茶果种植为主。村中以严姓、金姓为多。民国初年，蒋湾曾为蒋湾乡公所驻地。1951 年，村隶属有所变动，以蒋湾港为界，港北划归陆巷，港南划归新山。村中有乡约义井、乐雅堂、鉴山堂与宝俭堂等。

新山村 位于嵩下南面，东靠严芒（又名严巷），西临太湖。中华人民共和国成立后独立建村。2016 年年末，辖陆巷含山村第十二村民小组，有村民 66 户、219 人，以茶果种植为主。村中以周、严两姓为主。

嵩下 因位于嵩山西南得名。旧称前巷，北宋由“南叶”裔孙建村，元末起为莫厘王氏北宅王惟善裔孙聚居地。2016 年年末，辖陆巷含山村第十三村民小组，有村民 76 户、259 人，以茶果种植为主。村中周姓占总人口的 60%。保存有三祝堂、裕德堂、鸣和堂、谦和堂等，均属苏州市吴中区控制保护建筑。

嵩下村

严芒 又名严巷，因南宋严万八将军隐居于此而得名。位于嵩山之西，白石岭下，与嵩下村相连。2016 年年末，辖陆巷含山村第十四村民小组，有村民 58 户、204 人，以茶果种植为主。村中严姓占总人口的 95%。村内有明代王鏊墓，1986 年被列为吴县文物保护单位。南端村口保存有“赐葬王文恪公碑”，高 1.8 米、宽 0.86 米，为明嘉靖三年（1524）四月，嘉靖皇帝赐葬王鏊御碑。

山趾 又名山嘴，位于白豸岭东端，南连大河头，西临太湖。2016 年年末，辖陆巷含山村第十五村民小组，有村民 66 户、241 人，以茶果种植为主。村中以严、钟、潘三姓为多。

大河 因村内大河港得名。位于嵩山之东，南接朱巷，西濒太湖。2016 年年末，辖陆巷含山村第十六村民小组，有村民 73 户、251 人，以茶果种植为主。村中以徐、叶两姓为多。保存有猛将堂。

山趾村口

朱巷 明初朱氏建村，位于含山村最南端，东靠嵩峰，西临太湖。2016 年年末，辖陆巷含山村第十七村民小组，有村民 81 户、258 人，以茶果种植为主。明清时以朱姓为主，现以穆、汤两姓为多。民国初年，曾为朱巷乡公所驻地。保存有叶氏宗祠和穆家老宅、席家祠等。

南望 东周古村落，位于南望山下，西临太湖。2016 年年末，辖陆巷北望村第一村民小组，有村民 57 户、219 人，以茶果种植为主。村中以吴、陆两姓为多。南望是吴越春秋时吴国军事前沿阵地，隔太湖可瞭望越国。相传吴王曾在此

南望村

设立哨所，派兵观察越国动向，后繁衍成村。村内有南望哨、藏兵湾等古遗址。

塔头 因宋代古塔而名。位于北望村南部，黄家山下，与屯湾交界。2016年年末，辖陆巷北望村第二村民小组，有村民9户、35人，以茶果种植为主。村中有张、周、陆诸姓。据清《太湖备考》载，塔头村南宋时筑有七级砖塔一座，明时被山洪冲毁，现仅剩遗址。

岭下 因位于北望大岭下得名。东靠蔡家山，南接金坞，与屯湾相连。2016年年末，辖陆巷北望村第二村民小组，有村民25户、108人，以茶果种植为主。村内以周、王两姓为多。保存有一株树龄2000年的古银杏树。

石前 又名宅前，因位于饭石峰下而得名。东临格思山，南连岭下，村西通北望港。2016年年末，辖陆巷北望村第三村民小组，有村民28户、104人，以茶果种植为主。

岭下杨梅园

村内以李、徐两姓为多。有弥勒寺、饭石峰、白莲池等古迹。

上伍 又名上吴、吴村，因古时吴姓较多而得名。原有上吴村与下吴村，清时下吴村因濒临太湖，多强盗抢劫，村民全部迁走，现仅留遗址。上吴则讹呼成上伍，位于石前村南，格思山东麓。2016 年年末，辖陆巷北望村第三村民小组，有村民 11 户、55 人，以茶果种植为主。村中以徐、李两姓为多。

北望 又名八巷，因春秋时吴国在此设立哨所而得名。位于北望山南，饭石峰麓，西临太湖。2016 年年末，辖陆巷北望村第四、第六、第七、第八 4 个村民小组，有村民 101 户、359 人，以茶果种植为主。村中以王姓为多。有吴家坪盘古碑、古银杏树，以及马家巷、栈房巷、祥宁巷、三条巷、上堡、下堡等古遗址。

北望河头

王舍 因村前湖畔旧有王舍浮而名，位于北望村东端，东与上湾村交界，北临太湖。2016 年年末，辖陆巷北望村第五村民小组，有村民 45 户、179 人，以茶果种植为主。村中王姓占总人口的 70% 以上。村东有明碧云洞，深不可测，直通太湖底。1929 年，李根源游览时题有“碧云洞”三个字，镌刻洞口石壁上。2014 年恢复碧云洞庙。

店门 因清代米商黄万秋开设米店而得名。位于王舍村南，与北望村相邻。2016 年年末，辖陆巷北望村第五村民小组，有村民 20 户、77 人，以茶果种植为主。村中以黄姓为主。

◉ 自然环境

地貌 东山原为湖中岛屿，历史上亦称包山（四面围水），清末成为半岛。地质构造属扬子准地台——钱塘褶皱湖苏断裂层。山脉呈东北—西南走向，东北高、西南低，长约 10 千米，宽约 3 千米。主峰莫厘峰，俗称大尖顶，海拔 293.5 米。莫厘峰分出三支山脉，其中一支向西，经丰圻、小长湾、尚锦，至陆巷村境内的白沙、嘶马坞、纪革、寒山、嵩下、梁家濑等村落。陆巷境内山坞较多，利于碧螺春、枇杷、杨梅、柑橘等茶

雪后陆巷

茶山

渔港

果生长。山下多为滨湖滩地及鱼塘等。全村区域面积 7.19 平方千米。其中，陆地面积 6.48 平方千米，占 90%；水域面积（含所辖太湖水面）0.71 平方千米，占 10%。山体主要由五通系硬质的石英砂岩及紫云母砂岩构成，土壤属棕色土壤区。

荷塘

河港

陆巷村境内分布有9条河港，均为南北流向，分别从平岭、白沙岭、寒谷山、嵩下、梁家濑等山岭流入太湖，既是山村的泄洪河流，又是村人生产、生活的主要水运通道。

蒋巷港 （参见本志“古村风貌·古村格局·三港”）

寒山港 （参见本志“古村风貌·古村格局·三港”）

陆巷港 （参见本志“古村风貌·古村格局·三港”）

关庙港 在白沙十六图村内，形成于清代。港道呈南北走向，南起关庙头，北流入太湖。全长100米，宽6米。

纪革港 在白沙纪革村西，形成于明代中期。港道呈南北走向，南起纪革村，北流入太湖，入太湖处环山公路上筑有外婆桥。全长150米，宽6米。

嵩下港 在陆巷嵩下村。形成于元末明初，由叶氏家族开掘。港道呈南北走向，南起嵩下村，北流入太湖。全长250米，宽8米。

朱巷港 在陆巷朱巷村。形成于明末，由朱氏家族所开掘。港道呈东西走向，东起朱港村，西流入太湖。全长250米，宽6米。

王舍港 在北望王舍村。形成于南宋年间。据说南宋迁徙时，因有王、张、徐等大族在此定居而开掘。港道呈南北走向，南起王舍村，北流入太湖。全长700米，宽8米。

嵩下港

朱巷港

北望港 在北望村。形成于春秋末期，为当时吴国军队军事设施之一。港道呈南北走向，南起北望村，北流入太湖。全长500米，宽8米。

北望港

气候

陆巷地处长江下游太湖南岸，属北温带海洋性气候区，邻近海洋，四季分明，气候温和，雨水充沛，光照较多，气候条件较为优越。

日照 年平均日照时数为2177.7小时，日照百分率达49%，气温以夏季最高，秋春次之，冬季最低。日照最强为8月，日照时数可达月均值1.6倍以上；最弱为2月，日照时数不足其均值的1/2。

降水 1958—2010年，平均年降水量1139毫米，最大年降水量1699.7毫米（1999年），汛期（6—9月）平均降水量为565.7毫米，最大为1118毫米（1962年），最小为205.7毫米（1967年），最大日降水量291.8毫米（1960年）。全年平均降水日数为133.9天，最多为1977年的154天，最少为1971年的104天。全年有3个较明显的雨季，即4—5月的春雨，6—7月的梅雨和9月的秋雨。

梅雨期 每年6—7月江南梅子成熟季节，常有一段阴雨天气，称为“梅雨”。1933—2010年，东山平均入梅日为6月24日，平均出梅日为7月10日，平均梅雨期为20天，平均梅雨量218.1毫米，最多为1999年的746.6毫米，最少为2005年的14.3毫米。

物候

茶 3月中旬叶芽萌动，4月初开始采摘碧螺春，4月底至5月初采摘夏茶（炒青）。11月开花，花色呈金黄色，结茶籽，次年春末摘籽播种。

梅 3月中旬为花期，4月上、中旬春梢生长。5月下旬采收嫩梅与青梅，宜制作梅浆。6月上、中旬果实成熟，色黄，恰逢梅雨季，故称黄梅天。10—11月落叶。

桃 3月中旬萌芽，4月初开花，花期为一周。果实成熟时期最早为5月下旬，最迟为8月下旬，分夏桃与秋桃。有二次梢、三次梢，到8月底停止生长。

杏 3月中旬萌芽，4月初开花，花色呈粉红色，花期为一周。果实成熟时期在6月上旬。

李 3月上、中旬萌芽，3月底开花，花色呈白色。终花期为4月上旬。春梢至7月底停止生长。7月上旬果实成熟。

蜜桃

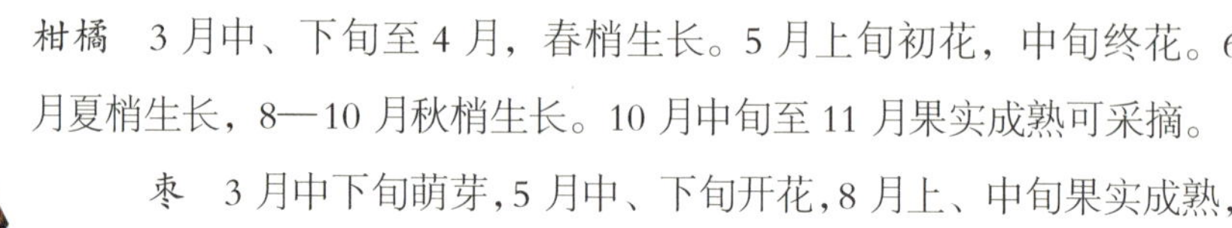

柑橘 3月中、下旬至4月，春梢生长。5月上旬初花，中旬终花。6月夏梢生长，8—10月秋梢生长。10月中旬至11月果实成熟可采摘。

枣 3月中下旬萌芽，5月中、下旬开花，8月上、中旬果实成熟，10月中、下旬落叶。

枇杷 秋萌、冬花、春实、夏果，含四时之气。9月中、下旬花芽萌动。10月上、中旬为初花期，终花期在来年1月下旬至2月上旬。3月上、中旬春梢生长，5—6月夏梢生长。5月下旬至6月上旬果实成熟。9月下旬至10月上旬秋梢生长。

杨梅 4月中旬初花，下旬终花期及春梢生长。6月下旬至7月上旬果实成熟。

柑橘

银杏 4月上旬花芽萌动，中旬叶萌发，中下旬开花（花期仅2～3天），4—7月枝梢生长，9月中下旬果实成熟，10—11月为落叶期。

枣

石榴

石榴　3月上旬萌芽,4月下旬至5月上旬开花，花期长，一般需20天，9月底至10月初果实成熟，11月落叶。

柿子　3月下旬萌芽，6—7月夏梢生长，7—8月秋梢生长，5月中、下旬开花，9月下旬果实成熟，10月下旬落叶。

板栗　3月中、下旬萌芽，4月下旬至5月初枝梢停止生长，5月初开花，花期20天左右，9月中、下旬果实成熟，1月落叶。

葡萄　3月下旬萌芽，4月下旬开花，花期10天左右，7月下旬至8月初果实成熟，11月落叶。

油菜　9月下旬播种，10月下旬移栽，翌年3月初现蕾，4月初开花，下旬终花，5月底成熟收籽。

小麦　10月下旬至11月中旬为播种期，翌年3月上旬拔节，4月中旬抽穗，5月底至6月初成熟。

桂花　2月底叶芽开始膨大，3月上、中旬叶芽萌发，3月20日左右花芽膨大开放，4月上旬展叶，9月中旬至10月上旬为开花期。

链接：农谚

三春茶叶四月梅，红枣、蜜桃喜相连。初夏端阳枇杷熟，夏至杨梅满山甜。五月李子挂满树，花红采摘七月间。石榴大，葡萄鲜，银杏、板栗赶秋天。雪柿红时蟹橙黄，洞庭橘红霜降边。

动植物

獐　俗称黄羊，食草，小型鹿科动物之一。无角，体毛多呈棕黄色，浓密粗长，四肢细小发达，前肢短、后肢长，善奔跑。陆巷境内嵩山、虾蠓岭、白沙岭皆有分布，属国家二级保护动物。

獐

獾　俗称猪獾，哺乳动物。毛色呈灰色，下腹部为黑色，遇险逃跑时毛竖起如剑。昼伏夜出，以蚯蚓、甲虫及小型哺乳类动物为食。陆巷山中有分布。

黄鼬 俗称黄鼠狼，周身棕毛呈黄或橙黄色。昼伏夜出，主要以老鼠为食，亦偷食家鸡，境内山村分布较多。

野兔 以食草为生，陆巷诸山皆有分布，繁殖快，对农作物有一定危害。肉鲜美，冬季陆巷村人常上山捕捉。

蛇 村境内山中、湖畔分布有各种蛇类约 5 种，其中“灰里扁”（蝮蛇）属剧毒蛇，夏季在农田、草丛中时有发现。

鳜鱼 性凶猛，喜食小鱼虾，属太湖名贵鱼类。肉质鲜嫩，营养丰富，清炖、红烧皆宜。清蒸鳜鱼、松鼠鳜鱼为农家席上佳肴。

黑鱼 亦称乌鳢，因额有七星，故俗称七星鱼。体形长圆，头尾相等，细鳞，青褐色。生活在太湖及港河水底层，性凶猛，喜食小鱼虾。肉厚实，少骨刺，营养价值丰富，被视为滋补、强身的珍贵鱼类。

塘鲤鱼 又称荡鲋鱼。性呆滞，故有“呆荡鲋”之称。大头，阔口，圆鳍，圆尾，细鳞，体呈暗黄褐色带黑斑纹，以小鱼虾、泥苔类为食。一般在春暖花开时捕捉，以菜花荡鲋最为肥美，制作方法有清蒸、红烧、炖蛋及雪笋塘鲤汤等。

甲鱼 又称鳖、团鱼，生长于湖港及沼泽中。性凶猛，夏食虫类，冬食泥苔，生命力极强，捕后可置数日不死。肉质鲜嫩，富含优质蛋白质和维生素，清蒸、红烧皆宜。甲鱼裙边肥腴不腻，最为适口。

青鱼 以螺、蚬、贝类为主要饵料，属底层鱼类。太湖水域均有分布，鱼池亦可养殖。个体大，喜群居，大者可达 4 千克左右，小者 1 ～ 2 千克，冬季捕捞。太湖水域广

黄鼬

塘鲤鱼

甲鱼

阔，饵料丰富，所产青鱼肉紧、膘肥、味鲜。

湖虾 有白虾、青虾、糠虾 3 种。白虾，又称“水晶虾”，通体透明，壳薄肉嫩，有“太湖白虾甲天下”之誉，与白鱼、银鱼统称“太湖三白”。青虾通体呈青褐色，生命力较强，捕后可水养。可制成油爆虾、炝虾、虾圆、碧螺炒虾仁等佳肴。糠虾体小，宜糊面后油炸成虾饼，美味可口。

草鱼 亦称鲩鱼。除太湖野生外，为杨湾内塘养殖的主要鱼类。一般每尾能长到 2 ~ 3 千克，大者 4 千克以上，营养价值与青鱼相似。

鲢鱼、鳙鱼 习惯上统称白鲢、花鲢，头硕大、肥美，素有“青鱼尾巴鲢鱼头”之美誉。为太湖的主要经济鱼类，具有生长快、周期短的特点。

鲤鱼 肉质细嫩，酷暑不落膘，有“夏鲤寒鲫”之说。生长在太湖沿岸湖湾、沼泽水草茂密处。繁殖能力强，生长快，四季均有上市。

鲫鱼 肉质鲜美，营养丰富。寒冬食鲫鱼最佳，有“鲫鱼头里三分参”之谚。太湖水域中分布极广，亦是内塘养殖的优良品种。鲫鱼一般 2 年性腺成熟，大的可达 1 千克左右。

野菌 俗称蕈、野蘑菇，春夏季节生长于陆巷峰岭与山坞中。品种极多，有石灰蕈、雷公蕈、胭脂蕈等 10 余种。

金樱子 俗称野石榴，陆巷荒山野谷间生长较多。初春藤上长出小枝，开白花，其香异常。秋天结子如小石榴，名金樱子，入药有补血、益精、愈痢之效。

石楠 俗称老桑年，东山稀有名木，陆巷山坞多有分布。三月开花，其叶苞可蒸粉食，不黏如箬叶。其枝干质地坚硬而光滑，山农常取来制作榔头柄等工具。

野菌

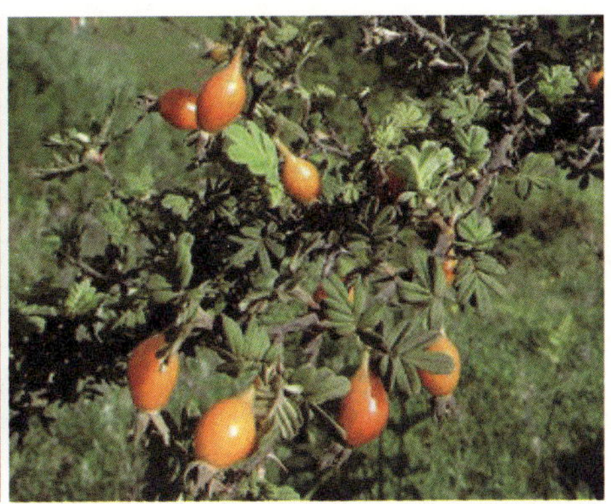

金樱子

胡颓子 俗称哺李子、胡秃子，长绿乔木，秋花夏实，果实如樱桃，可入药，属名贵中药，鸟类极喜食。陆巷山中生长极多。

六月雪 俗称脱力草，陆巷荒山野谷间均有生长。初春藤上长出小枝，夏开小白花，可制作饮料及入药，可治体弱乏力。

山莓 当地俗称野草莓，小型枝条，长刺，果实呈红色，酸甜可口，营养丰富。5月中旬与枇杷同时成熟，山坞中生长较多。

野菊花 2月中下旬变绿展叶，9月下旬现花蕾，10月下旬开花，采摘后可泡茶，有多种疗效。

◉ 人口

人口总量 吴越春秋时，吴国在陆巷北望村筑南、北瞭望哨，已有人居住。南宋高宗南迁，渡经太湖，有多个北方氏族迁居陆巷，元明时期就有一定规模的人口在此定居，并已形成白沙、嘶马坞、纪革、寒山、嵩下、陆巷、蒋湾、梁家濑、北叶、南叶等多个自然村落。清乾隆《太湖备考》载，清康熙二十八年（1689），陆巷所属震泽乡28都，共有2652户、14015人。1943年，陆巷所属蒋含乡，户籍6保，共有681户、1754人。其中，男性755人，女性999人。中华人民共和国成立后，随着经济发展、人民生活水平提高和医疗卫生事业的发展，人口增长较快。20世纪70年代推行计划生育，人口发展进入有控制的平缓增长阶段。1985年，陆巷村（含山、白沙、北望村）有1423户、4961人，1995年有1445户、4997人。10年中增加22户、36人。2005年，陆巷村（2003年白沙、含山、北望三村合并）有1498户、4608人。2016年12月，陆巷村有1472户、5123人。1995—2016年，20年中增加126人，人口基本保持平衡。

年龄 1964年，全国第二次人口普查，陆巷村（白沙、含山、北望）人口3842人，80周岁以上老人38人，其中，女性27人，男性11人。1990年，全国第4次人口普查，陆巷村人口5109人，80周岁以上老人62人，其中，女性42人，男性20人。

据2016年12月统计资料显示，陆巷村年龄0～9周岁269人（男性131人，女性138人），10～19周岁356人（男性174人，女性182人），20～29周岁699人（男性332人，女性367人），30～39周岁600人（男性275人，女性325人），40～49周岁1101人（男性574人，女性527人），50～59周岁818人（男性402人，女性

416 人)，60 ~ 69 周岁 673 人(男性 324 人，女性 349 人)，70 ~ 79 周岁 421 人(男性 179 人，女性 242 人)，80 ~ 89 周岁 166 人(男性 50 人，女性 116 人)，90 岁以上老人 16 人(男性 2 人，女性 14 人)。

根据上述资料显示，随着生活条件普遍提高，陆巷村老年人数逐年增多。女性寿命普遍高于男性。

2016 年陆巷村 90 岁以上老人一览表

表 1

姓名	性别	出生年月	住　址	姓名	性别	出生年月	住　址
顾招娣	女	1920.7	白沙纪革村	叶德云	女	1925.7	陆巷含山村
王秋英	女	1923.5	陆巷陆巷村	翁才仙	女	1925.9	北望王舍村
王富金	女	1923.10	陆巷含山村	陈惠芬	女	1925.10	陆巷含山村
王福云	女	1924.4	陆巷新山村	陆引娣	女	1926.2	北望北望村
吴汉章	男	1924.6	北望南望村	李夫珍	女	1926.2	北望石前村
朱阿荣	女	1924.8	陆巷山趾村	宋全根	男	1926.2	陆巷含山村
王云宝	女	1924.10	陆巷陆巷村	马凤宝	女	1926.6	陆巷含山村
叶桂英	女	1925.2	陆巷含山村	朱阿琴	女	1926.11	陆巷含山村

文化　2016 年，陆巷村人口 5123 人。其中，学龄前儿童 428 人，占 8.4%；小学文化程度 1758 人，占 34.3%；初中文化程度 1015 人，占 19.8%；高中和中专文化程度 1402 人，占 27.4%；大专文化程度 335 人，占 6.5%；研究生文化程度 3 人，占 0.01%。另有 60 周岁以上的半文盲 182 人，占 3.6%。

民族　陆巷村 99.8% 的人口是汉族。2016 年年底，因婚嫁迁入陆巷村的少数民族有 5 个、9 人。其中，壮族 4 人、彝族 2 人、回族 1 人、白族 1 人、土家族 1 人。

姓氏　据 2016 年陆巷村常住户籍姓氏统计，全村共有姓氏 140 个，叶、王、张、朱、严为村中 300 人以上的大姓。

500 人以上的姓氏 2 个：叶、王。

300 ~ 500 人的姓氏 3 个：张、朱、严。

100 ~ 300 人的姓氏 6 个：周、顾、徐、吴、金、李。

51 ~ 100 人的姓氏 9 个：庄、穆、宋、沈、潘、陆、邱、陈、汤。

10～50人的姓氏35个：席、马、钟、杨、钱、唐、翁、薛、何、龚、夏、刘、芮、费、黄、施、丁、殷、贺、成、韩、孔、史、姜、瞿、连、许、石、胡、姚、毛、盛、冯、孙、俞。

10人以下的姓氏85个：冯、孙、俞、秦、苏、谢、郑、赵、汪、袁、邵、洪、葛、蒋、童、高、程、曹、董、吕、万、蔡、罗、熊、郭、杜、黎、梁、凌、戴、邹、居、卜、强、邓、睦、戚、陶、奚、侯、常、任、孟、余、仓、于、赦、韦、侍、仇、闻、杭、阙、曾、崔、戎、谭、密、狄、安、范、晁、别、宦、彭、查、祁、颜、邢、翟、聂、宣、雍、贡、宗、虞、林、乔、糜、卢、祖、庾、练、艾、绪。

◉ 大族源流

张姓　唐代迁东山，现有362人。为唐代名将张巡之后，“安史之乱”张巡为国尽忠，其后裔唐代避战乱，从水道南下，隐居太湖三山之厥山。五世祖瑞十三，唐末迁往东山定居，有一支裔孙迁往陆巷张巷、白沙等村。主要集中在白沙第一、第四村民小组，含山第十、第十一村民小组。

周姓　唐代迁陆巷，现有243人。始迁祖为八公、九公，唐时从广东迁东山陆巷含山村。主要分布在含山村第四、第九村民小组，嵩下第十三村民小组，以及北望塔头、岭下。

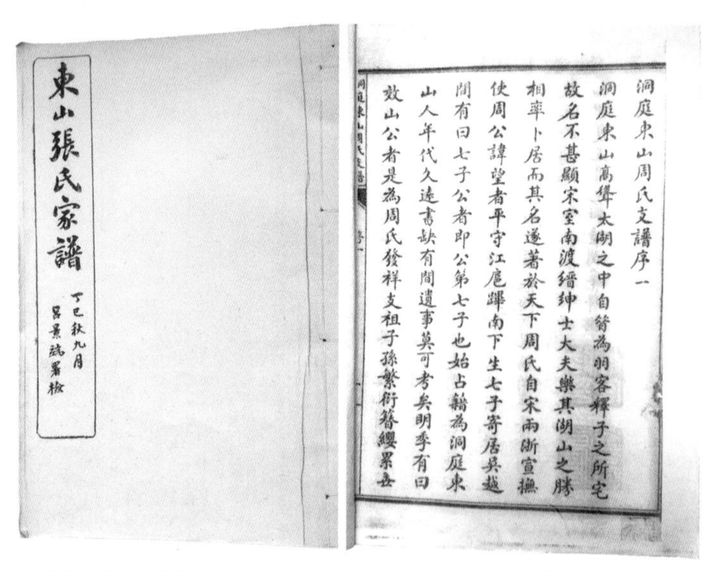

東山張氏家譜

丁巳秋九月

呂景端署檢

洞庭東山周氏支譜序一

洞庭東山高聳太湖之中自昔為羽客釋子之所宅故名不甚顯宋室南渡縉紳士大夫樂其湖山之勝相率卜居而其名遂著於天下周氏自宋兩浙宣撫使周公諱望者平守江扈蹕南下生七子寄居吳越間有曰七子公者即公第七子也始占籍為洞庭東山人年代久遠書缺有間遺事莫可考矣明季有曰效山公者是為周氏發祥支祖子孫繁衍簪纓累世

《东山张氏家谱》　《洞庭东山周氏支谱序一》

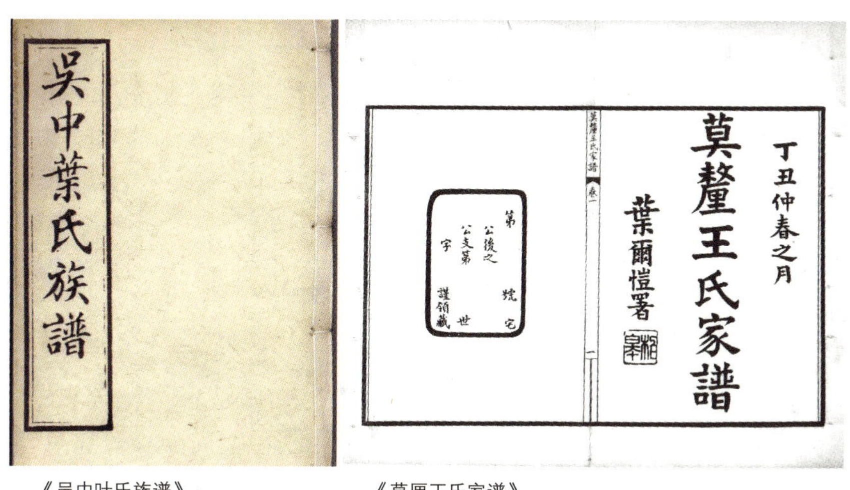

《吴中叶氏族谱》　《莫厘王氏家谱》

叶姓　北宋迁陆巷，现有 539 人。原居河南南阳，北宋刑部侍郎叶逵娶湖州羊氏为妻，迁居湖州。时东山属浙江乌程县管辖，叶逵因事常至东山，见其地山水清嘉，遂筑别业于东山后山碧螺峰至嵩山一带。叶逵七传至叶梦得，南宋名臣，居陆巷蒋湾。叶氏后延伸出 10 多个分支，分布在纪革、大湖头、嵩下、蒋湾、陆巷、白沙、北望等自然村。其中，白沙第三、第六村民小组，含山第十、第十一、第十六村民小组叶姓人口为多。

王姓　南宋迁陆巷，现有 527 人。南宋建炎年间（1127—1130），王氏千七将军护驾南渡，迁居太湖洞庭东山陆巷。始农耕为务，后经商起家，建陆巷村。明成化年间（1465—1487），陆巷王氏 10 世王鏊科举入仕，官至户部尚书、文渊阁大学士等，明正德元年（1506）入阁预机务。明清两代王氏先后出了 7 位进士，其中包括一名状元和一名探花。近现代又出了 2 位中科院院士。王氏主要集中在含山第一、第三村民小组，北望第二、第四、第八村民小组。

朱姓　南宋迁东山，现有 345 人。原居杨湾石桥村，南宋绍定五年（1232），朱安宗在村中筑有震泽底定桥，俗名石桥，历经 700 多年，至今仍不失旧貌。从明代起，石桥朱氏裔孙迁居陆巷等村，主要居住在白沙第一村民小组，含山第四、第九村民小组。

严姓　南宋迁陆巷，现有 342 人。始迁祖万八，字庆源，宋高宗南渡时任护驾将军，到临安后率子弟及部下到太湖东山定居。据传，万八在途中遭遇金兵，仅只身来到

《严氏家谱》

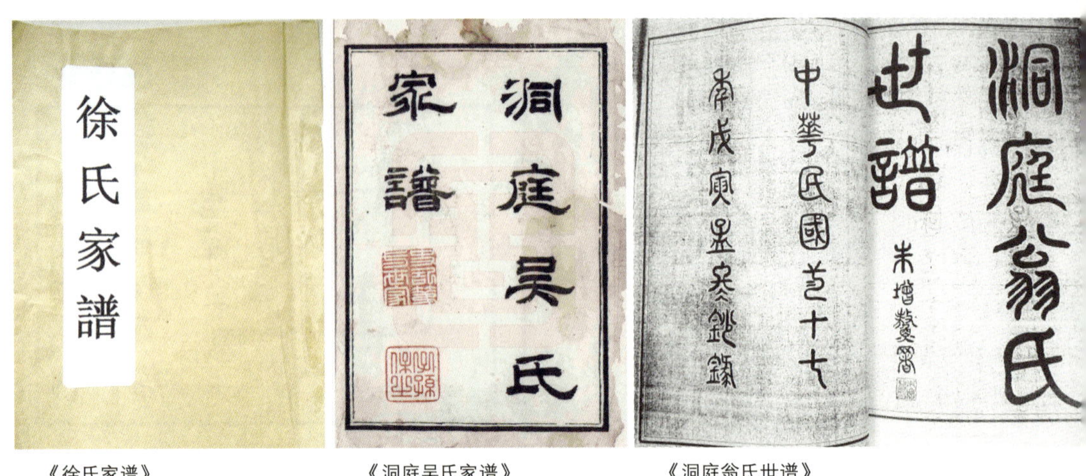

《徐氏家谱》　《洞庭吴氏家谱》　《洞庭翁氏世谱》

白豸岭下，得寺庙僧尼相助才落脚定居，之后繁衍成族，主要分布在蒋湾、严芒、山趾等村。

徐姓　南宋迁东山，现有 202 人。始从汴梁迁居东山李湾，筑湖沙村。元初有一支迁居陆巷寒山，主要居于含山第十、第十一、第十六村民小组。

吴姓　南宋迁东山，现有 185 人。始迁祖为延陵季子 47 世孙，宋枢密副使吴肃之孙吴谦，原居汴梁，南宋初年携家迁居东山白沙二图里，因墓旁有古柏数株，后称古柏吴氏。后人主要居住于头图、二图。

翁姓　南宋迁陆巷，现有 29 人。始迁祖为宋亲军侍卫都统制翁承勋，原居河南汴梁，高构南渡时率族护驾至临安，途经太湖东山，见山水奇崛，避居白沙村。主要居住于纪革村。

顾姓　明代迁陆巷，现有 228 人。顾氏为明嘉靖年间（1522—1566）阁臣顾鼎丞裔孙，嘉靖初年，顾母杨氏病卒，遣子至东山陆巷，请已致仕的大学士王鏊撰墓志铭，其子爱东山山水清嘉，居白沙里。后人主要居于纪革村。

◉ 村域经济

陆巷村是一个以山林坡地为主，种植茶果为主业的多种经营地区，20 世纪 80 年代前，主要收入靠茶叶与果品。1980 年起创办印刷厂等村办工业，2002 年旅游业开始起步，第三产业比重逐年提高。2016 年，全村第一、第二、第三产业比重为 1∶5∶4，生产总

陆巷安置小区

值 1.87 亿元，集体经济总收入 450 万元。成立农村社区果品合作社 1 家，量化经营性资产 686 万元，吸纳社员 5209 人，配置股权 4692 股。

农副业

茶叶（碧螺春、炒青） 2003 年，产茶叶 220 担，每担 50 千克，每担售价 2000 元，共收入 44 万元；2005 年产 300 担，每担售价 3 万元，共收入 900 万元；2010 年产 450 担，每担售价 4 万元，共收入 1800 万元；2016 年茶叶产量达 1000 担，每担售价 5 万元，共收入 5000 万元。2016 年茶叶收入比 2003 年增长 112.63 倍，比 2005 年增长 4.5 倍，比 2010 年增长 1.8 倍。

花果（柑橘、枇杷、杨梅、蜜橘等） 品种从1995年的60多种，发展到2016年的200多种。2003年年产量9.9万担（每担50元），收入495万元；2005年1.8万担（调整品种及改良果树品种，每担500元），收入900万元；2010年5.71万担（每担1000元），收入5710万元；2016年6.11万担（每担1500元），收入9165万元。2016年经济收入比2003年增加17.5倍，比2005年增加9.2倍，比2010年增加0.6倍。

工企业 20世纪80年代起步，2000年后发展形成文化印刷、果品加工、钣金、调压器配件等行业。2004年，有工企业18家，陆巷东山文化印刷厂建于1983年，后更名为吴县文化印刷股份有限公司。2003年，新建标准厂房1.6万平方米，引进3套日本进口不干胶生产线，从德国引进1套彩印设备。年固定资产超过5000万元，承接中国少年儿童出版社、北京语文出版社、上海古籍出版社等10多家北京、上海出版社的业务。2016年，有民营企业7家，收入6723万元，比2003年增加4.1倍。

旅游服务业 2003年起步，成立苏州东山陆巷古村旅游发展有限公司。随着古村旅游业的发展，2010年起服务业兴起，发展迅速。2016年年底，已有民宿客栈、农家乐共63家，各类特色商铺、小吃店25家，主要分布在陆巷古村景区、环山公路沿线以及嵩下、严芒、山趾等村。2016年，旅游业营业收入1200万元，是2010年的10倍。

评弹演出

舞龙

欧洲友好代表团访问陆巷

外国友人观戏

◉ 村民生活

中共十一届三中全会后，农村实行家庭联产承包责任制，群众生产积极性高涨，人均收入增长较快。1980 年，陆巷村所辖的含山、白沙、北望 3 个村，年人均收入 215 元。1983 年，全村年人均收入 706 元，同比增长了 2.3 倍。1988 年年人均收入 897 元，1996 年年人均收入 4107 元，2005 年陆巷村（2003 年含山、白沙、北望三村合并）年人均收入 8488 元，2010 年年人均收入 13694 元，2016 年年人均收入 36547 元。

衣食住行 随着生产力的发展，村民衣食住行水平不断提高。2016 年，村民日常生活消费为人均 5000 元，是 1982 年的 25.6 倍。其中，服饰人均消费 1250 元左右，占 25%。年轻人和孩子穿的衣服同城里人一样，新颖时髦，根据季节更新。20 世纪 80 年代前，农家“新三年，旧三年，缝缝补补再三年”的穿衣习俗在陆巷已成历史。穿鞋全部到商店购买，1990 年以来，村里已没有妇女纳底做鞋，多为购买的皮鞋、布鞋、胶鞋。日常伙食年人均 1250 元左右，占 25%。一日三餐讲究营养、健康。饮食结构不再以粮食为主，大米、面粉、杂粮占 60%，肉类、禽类、鱼类占 40%。80% 的村民每日上街买菜，挑选新鲜鱼虾与蔬菜。

20 世纪 80 年代开始，陆巷村平房开始翻建楼房。2000 年，全村村民基本住进新楼房。2016 年，全村 1472 户村民中翻建别墅的占 60% 以上。有 423 户村民到镇区或城里购买商品房，占 28%。全村人均住房面积达 60 ~ 80 平方米，一家 3 口住房面积超过 300 平方米的占 50%。电视机、洗衣机、电冰箱、电脑等高档消费品在村内已普及，电脑宽带上网普及率达 100%。

古村新貌

2000年起，小轿车在农村悄然兴起，2016年陆巷村有汽车1129辆，平均每0.8个家庭就有1辆车。送孩子上学、陪老人体检、走亲访友，甚至上街买菜都开车代步。遇到节假日，全家开车进城或外出旅游，在村中十分普遍。同时，每年外出自驾游或随旅行社外出旅游的村民（包括60周岁以上，村里出资组织外出旅游）达1000多人次。

湖畔黄昏

安享晚年

陆巷社区博物中心馆

文化娱乐

陆巷社区博物中心馆 参见本志“乡村旅游·旅游景点·陆巷社区博物中心馆”。

陆巷书社 位于陆巷村口寒谷渡东侧路旁，建筑面积200平方米，辟有图书馆、阅览室、东山作家书屋。馆中藏有东山本地作家和苏州作家出版的小说、散文集、诗集、书画集1000多册，主要以描写东山的文学、史学作品为主，村民可随时至书社阅读。

老年活动室 白沙村关庙头，有房屋3间，建筑面积100平方米；陆巷古村三有堂，有房屋3间，建筑面积150平方米；蒋湾村浜场，有房屋2间，建筑面积80平方米；北望王舍村，有房屋2间，建筑面积90平方米。老年活动室都订有书籍、报纸、杂志多种，购置电视机和音响，辟有棋牌室。2012—2016年，陆巷投入115万元，为4个老年活动室增添书报、更换电视设备，并新增3套老年人健身器材，开设健身室。

民俗活动 台阁表演，村里创作的“许仙借伞”“康熙赐名碧螺春”“乾隆与村姑”等主题台阁，每年“五一”、国庆、春节等重大节日，便会组织村民在陆巷古村区域内进行装台阁、听评弹、祭先祖等活动。每年春节期间的猛将会，更是深受村民和游客欢迎。村内开展每季度一次的民乐队表演，邀请东山镇民乐队至陆巷古村广场进行太湖丝竹演奏。

戏曲表演

祭先祖活动

◉ 社会保障

农村基本养老保险 2003 年 10 月 1 日起，东山农村全面实行老年人基本养老金制度，陆巷村男性年满 60 周岁、女性年满 55 周岁即可领取养老金，当年陆巷 1083 名村民享受到基本养老金补助，标准为每人每月 120 元。2007 年 1 月起，农村基本养老金增加到每月人均 130 元，2009 年增加到人均 140 元，2010 年增加到人均 180 元，2016 年增加到人均 480 元。另外，90 周岁以上老人每月多增加 100 元。2016 年，陆巷村共有 1722 人参加了农村基本养老保险，参保率达 100%。其中，769 人转为城镇居民养老保险，占 44.7%。

医疗保险 组织村民参加新型农村合作医疗保险，2016 年，全村共有 2907 人参加医疗保险，参保率达 100%。建立社区卫生服务中心。2007 年，新建陆巷社区卫生服务站，建筑面积 330 平方米。拥有挂号室、治疗室、化验室、观察室、输液室、药房、妇幼保健计生服务室、康复室和健教室等，配有血细胞分析仪（三分类）、便携式 B 超、尿分析仪、心电图机等医疗设备。有执业医师、执业护士、检验师等 6 名，村民看病基本可不出村。

扶贫帮困 2016 年，向全村 12 户重病困难户发放救助金 6.5 万元，其中党员干部捐助 2 万元；帮助 27 户建房困难户解决部分资金，帮建房屋 42 间。

助残及捐资助学 陆巷村有各类残疾人 45 人，截至 2016 年年底，安排 80% 以上的残疾人进入企业工作，帮助他们自食其力、脱离贫困。对一部分失去劳动能力的残疾人，镇村会定期进行补助救济。村党员干部与 5 户家中孩子读书有困难的贫困家庭结成助学对子，2016 年捐资助学款 7000 元。

古村风貌

陆巷古村风貌，由明清古街、古牌坊、古宅、古园林与茶园果林，以及湖中小岛构成，古色古香，波光帆影，宛若天然画卷。陆巷是中国传统乡土文脉的典型代表，村内屋宇恢宏，牌坊相连，道路规整，溪流清澈。村口古老的寒谷渡，尚留有南宋将士登岸的脚印；街上高耸的探花、会元、解元牌坊，是明代王氏家族科举的辉煌;花翎巷里的状元墙门，是清代状元王世琛的故居。“参差粉黛深深院，不辨山村与水津”的陆巷古村，独具江南传统风貌与文脉特色。

粉墙黛瓦

古村格局

碧天荷塘

宋元以来，陆巷古村落格局基本未变，以紫石街为中轴线，6 条古巷或长或短向东延伸到山坞，30 多幢古建筑分布在古街与古巷两侧；3 条港道朝西北流入太湖，两岸河房、水榭、码头，明清风貌依然。村后白沙岭、虾蠓岭直通前山，是陆巷古村通往东山镇区的主要山道。环山公路修好后，陆巷有公交车来回对开，方便村民出行。

陆巷古村由山脉、果林、河港、沼泽及少量较为平缓的坡地组成，分布有嵩下、蒋湾、陆巷、寒山、惠头、严芒、山趾等自然村落。核心区域为一街、六巷、三港。一街即紫石街，筑有3座明代牌坊。六巷是康庄巷、文宁巷、韩家巷、姜家巷、旗杆巷、固西巷。三港为寒山港、陆巷港、蒋湾港。三条港道是陆巷与太湖贯通的水脉与泄洪水系。

随着经济发展和旅游业的兴起，陆巷古村的面积有所拓展，北面在寒谷山西侧、太湖湖畔辟建了陆巷牌楼与游客接待中心，南面恢复了1千米长的蒋湾路，西面在村南入口处新筑了守溪街，其核心区的面积新增加了30%。

寒谷渡

寒谷渡
斜日橘林秋
落霞渔浦晚

陆巷夜色

村中公园

陆巷南大门

一街 紫石街位于陆巷古村中心，因路面全用紫色石板铺筑而得名。紫石街筑于明代中期，明成化十年（1474）及次年，陆巷村青年王鏊连中解元、会元、探花，王氏家族出资在村中修建3座牌坊，中筑紫石街，以显家族荣光。街道呈南北走向，南起蒋湾浜场，北至寒山庵，长518米，宽3米多。路面石板下为小溪，既是行走街道，又是古街的排水系统。春夏山涧水下，走在紫石街上能听到石板下淙淙的流水声，别具风情。在街道东西两侧分布有6条古巷及数量众多的明清建筑，据2008年第三次全国文物普查统计，紫石街上仍保存有30处古宅。

明代中晚期起，紫石街一直是陆巷古村的经济中心，据民国东山叶乐天《乡志类稿》记载，当时紫石街上开有商铺、粮站、客栈、酒楼、糕团点、鱼行、茶馆、书场，以及香烛店、理发店、缝纫店、卤菜馆、中药铺等30多家店铺，还建有救火会、北区小菜场等公共设施。抗日战争时期，沪宁等城市避难人群云集陆巷，村中人流如潮，紫石街上光书场就开有3家，天天人满为患。

随着旅游业的兴起，紫石街上酒店、茶楼、商铺、书吧，店肆林立，商品琳琅满目。白玉方糕、桂花猪油糕、咸馅团子、绿豆饺等独具特色的地方小吃沿街而摆；明代王家秘方特制的“相府山酒”及原汁原味浸制的杨梅酒、青梅酒、枇杷酒、枣酒，应有尽有，酒香弥漫在古街和深巷里。

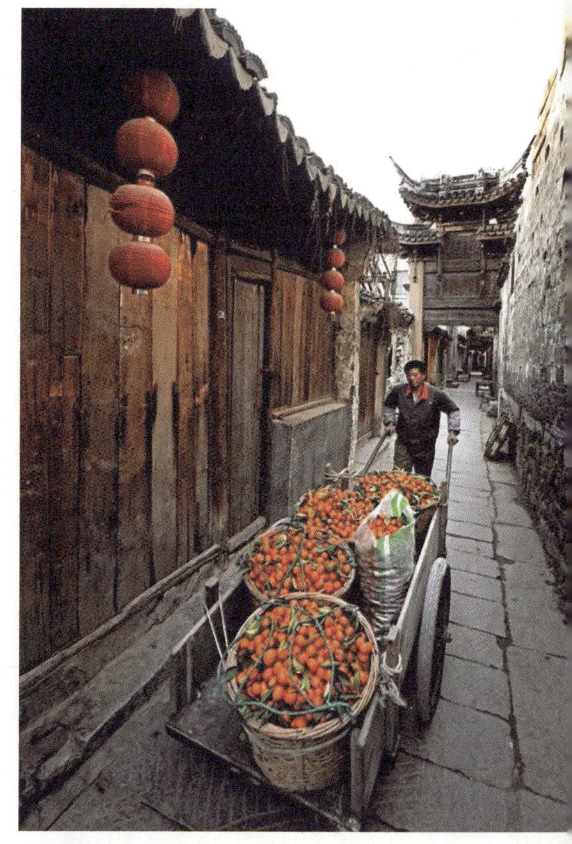

紫石街

六巷

康庄巷 明代古巷，位于紫石街南端。西起蒋湾浜场，东至春卿第，全长183米，宽2米，小麻石铺就而成。两侧有遂高堂、三德堂、乐雅堂、春卿第、会辅堂、宝俭堂等明清时期建筑。

文宁巷 明代古巷，位于紫石街中段，因巷中出了王鏊等文人而得名。西起探花牌坊，东至陆巷山（亦名虾蟆岭）山脚，全长193米，宽3米，路面为明代小青砖铺成。两侧有惠和堂、粹和堂、世和堂、惟善堂、严家老宅等古厅堂，北侧为著名的花翎巷。

康庄巷过街亭

文字巷

韩家巷 明代古巷，位于紫石街北端，因南宋韩世忠后裔居住而得名。西起怀德堂，东至花翎巷北出口，全长120米，宽2米，路面为小麻石铺成，两侧保存有乐志堂、萃喜堂、珠玉堂、嘉树堂等古宅。

姜家巷 南宋古巷，位于紫石街北端，因姜姓人家居住而得名。西起拐角头，东接寒谷山径，全长241米，宽2米，路面为小青砖铺成，保存完好。两侧有双桂楼、承德堂、玉霏堂等明代古宅。据说姜氏先祖原为岳飞水军部将，后归隐陆巷，经商致富，筑玉霏堂（岳飞谐音），以纪念岳飞。

姜家巷

旗杆巷 清代古巷，位于姜家巷南，因原巷门口有两块高大的旗杆石而名。南起三有堂，北至姜家巷，全长136米，宽2米，路面为小青砖侧铺成。两侧保存有杏树里、桃树里、照仁堂等古建筑。

固西巷 又名西巷，清代古巷，因在陆巷古村最西面而得名。西起寒山村井场头，东至西涧潭，全长220米，宽2米，路面为条石麻板铺成。两侧有怡谷堂、致善堂、銮头堂、德荫堂、唐三景等古宅。

三港

蒋湾港 原为天然山溪，明代中期，叶、王等大族筑陆巷村，为运送建筑材料而人工开挖拓宽，形成港道。呈南北走向，南起蒋湾村，北至太湖，长300米，宽10米。至今仍是山村泄洪和村民生产与生活物资运输水道。东端蒋湾浜场保存有古井、古巷、古圈门等明清古迹。在港北端入太湖处筑有蒋湾桥，建于明代中期，2010年拓宽环山公路时重建，全长30米，宽10米，跨径20米。

陆巷港 原属天然山溪，同为明代中期叶、王等大族为筑陆巷村所开挖而形成的港道。港道呈南北走向，南起陆巷村，北流入太湖，全长300米，宽9米。至今仍是山村泄洪和村民生产与生活物资运输水道。港道两岸分布多幢明清时期老宅及河房、河埠。

北端入太湖处筑有陆巷桥，该桥始建于明代中期，2010 年拓宽环山公路时重建，全长 30 米，宽 10 米，跨径 20 米。

寒山港 又名含山港，据说唐代高僧寒山、拾得云游太湖，曾在寒谷山上小憩，后从该港乘船飘然而去，故名寒山港。原属天然山溪，明代人工开挖拓宽，形成港道。该港道呈南北走向，南起含山村，北流入太湖，全长 250 米，宽 8 米。至今仍是山村泄洪和村民生产与生活物资运输水道。港南端恢复有寒谷渡，为南宋王氏始迁祖千七将军登岸处。北端入太湖处筑有含山桥，始建于明代，2010 年拓宽环山公路时重建，全长 35 米，宽 10 米，跨径 24 米。

雨中寒山港

三元牌坊

位于陆巷村紫石街中部，建于明成化十一年（1475），莫厘王氏家族所筑。成化十年，王鏊乡试考中解元，十一年，会试及殿试高中会元和探花，王家在紫石街上建造了探花、会元和解元三座牌坊，以显家族荣光。是东山历史上仅存的三座古牌坊，为古村陆巷的标志性建筑。

探花坊　位于陆巷村紫石街中部，遂高堂北侧，建于明成化十一年（1475），清乾隆年间（1736—1795）及20世纪初都进行过修缮，1986年被列为吴县文物保护单位。探花坊由石柱、木枋与瓦顶三部分组成，高8米，宽4.2米。1966年，中部木枋及上部坊顶被毁，只剩下2根光秃秃的青石坊柱。2002年，东山镇旅游公司依据《老苏州（百年旧影）》（江苏人民出版社1999年版）上保存的陆巷三元牌坊照片恢复。因王鏊曾官封太傅，官列一品，故在重修探花牌坊时加上了“一品”两个字。

探花坊

会元坊

解元坊

会元坊 位于紫石街北部王家祠堂前，与探花坊同年所建，清乾隆年间（1736—1795）及20世纪初都进行过修缮，1986年被列为吴县文物保护单位。1966年，中部木枋及上部坊顶被毁。2002年，东山镇旅游公司依据《老苏州（百年旧影）》上保存的陆巷会元坊照片恢复。会元坊高7.4米，宽3.9米，花岗石坊柱。与王家祠堂、玉带泉和民国小菜场形成一组景观。

解元坊 位于紫石街南端入口处，与探花、会元坊同年建造，清乾隆年间（1736—1795）及20世纪初进行过修缮，1986年被列为吴县文物保护单位。1966年被毁，2002年东山镇旅游公司依据《老苏州（百年旧影）》上保存的陆巷解元坊照片恢复。高7米，宽3.6米，花岗石枋柱。牌坊下有石门槛，装有木门，可关闭进入陆巷古村的巷门。

◉ 古民居

据2008年第三次全国文物普查，陆巷村保存较为完整的古民居有35幢。其中，明代建筑17幢，清代建筑14幢，民国建筑4幢。2016年，陆巷村通过多种渠道筹资修缮，30多幢明清古宅50%恢复原貌。

会老堂 位于陆巷姜家巷与韩家巷之间，寒山村63号。为明代建筑，面积382.6平方米，为莫厘王氏 7 世王铭所建，是江苏省重点文物保护单位。

明正德四年（1509），大学士王鏊致仕归家，同兄弟王铭、王铨及表兄弟等 6 人建“六老会”，常聚于宅内活动，由此得名会老堂。保存有楼厅、西住楼、住屋及附房数间。楼厅南向，面阔三间，进深七檩。明间前檐柱收杀成梭形，上设坐斗承檐檩，下置青石质提灯形柱础。前后步柱下设扁鼓形木柱础。二楼构架为内四界前后单步形式。山尖设山雾云，脊檩两侧施抱梁云，雕刻刀法流畅，风格浑厚，极具明代特点。楼厅前有照墙与墙门，古朴精致，是会老堂的精华。照墙正中水磨小方砖斜形镶贴，左右两边及庭院中东西山墙为水磨八五砖镶砌，中部有一条贯通整座院落的砖雕花纹线，甚为美观，属砖雕中如意纹珍品。西住楼建于清代，两间带两厢，二楼构架为内四界抬梁形式，两厢之间形成天井，前设塞口界墙。西住楼前有住屋，面阔两间带西厢，进深七檩。住屋西侧有附房三间，室内灰色天花板，应为民国时期翻建。整座会老堂形制恢宏，用料硕大，且有明、清、民国时期建筑风格，已作为民宿对游人开放。

会老堂客厅

会老堂戏台

遂高堂 位于陆巷文宁巷南侧，陆巷村 90 号。为明代建筑，面积 493.9 平方米，由莫厘王氏 7 世王铨所建，是苏州市吴中区文物保护单位。

明正德十年（1515），王铨授官杭州府，时宦官专权，朝政腐败，王铨不愿从政，回故里筑宅定居。其兄王鏊致辞中有“输于伊人一着高”之句，王铨取王鏊致辞赞扬之意，用“遂高”两字作为住宅的堂名。

遂高堂原规模较大，有东望楼、远宣堂、遂高堂等多幢建筑，现保存有布于主轴线

遂高堂门楼

遂高堂大厅

上的门楼、大厅、前楼和后楼等住屋。门楼古朴，门框上方以手枪形的砖雕件出挑，并叠砌有混线砖数层。上做花边滴水屋檐和细巧的皮条脊。混水做的照壁上部，饰有类似盘肠的菱形纹和笔锭胜图案。大厅前轩后廊，进深五间，厅柱粗壮，柱头有卷杀。平梁正中立扁薄的侏儒柱，置一斗三升斗拱及连戟承光彩檩，雕刻云龙纹山雾云。大厅后金柱之间安装屏门的下槛、中槛及走马板，以及西次间隔断的六扇头大门上，装饰具明代风貌。大厅梁上彩绘较多，走马板上折枝花图案及桁条上的包袱锦图案依稀可辨，有金、红、白、黑等色，且图案比较粗放。

前住楼五间，规制低矮，保持明代建筑风格。尤其是楼房前后左右墙壁内，每根梁柱下均垫接有一段 1 米高的青石石柱，属建宅时防潮所用。后住楼五间，开间较小，且低矮，柱下施扁形木柱，虽已古旧，但保存尚为完好。

据《莫厘王氏家谱》记载，遂高堂建成后，时因王鏊也已告老回乡，兄弟俩常在遂高堂中诗酒唱和。王鏊师友沈周、吴宽、唐寅、祝枝山、文徵明等名士，都为该堂有过题跋。2014 年，辟为“钻天洞庭”洞庭商帮陈列馆对外开放。

状元墙门 位于陆巷花翎巷西，陆巷村 154 号。为明代建筑，面积 127.3 平方米，是苏州市吴中区文物保护单位。

该宅是清康熙年间（1662—1722）状元王世琛的外祖家，故名状元墙门。原是一座独立的中等宅院，前有门屋，大门前置石马，挂“状元门第”匾额。进天井为大厅，后面为住楼，楼后筑花园。保存住楼一幢，上下两层，系二坡硬山造。面阔五间带两厢，进深七檩。二楼构架为内四界前后单步形式。大梁扁作，抬梁式。梁体线条柔和，山界梁背置一斗三升牌科。山尖设山雾云，墙门设皮条脊，屋面设滴水檐。楼下方砖斜纹形铺筑，形制较逊，朴素简洁，属明代建筑风格。

双桂楼 位于陆巷姜家弄内，姜氏祖传宅第。为明代建筑，面积 271.9 平方米，是苏州市吴中区文物保护单位。

双桂楼为玉霏堂后楼，因庭院内有两株高大的桂花树而得名。始建于南宋，但经历代修葺，只保留明代建筑风格，故属明代时期建筑。据说姜氏先祖原为南宋抗金名将岳飞部将，岳飞被朝廷以“莫须有”的罪名杀害后，部下将士大多愤而离去。姜氏先人隐居东山陆巷，

双桂楼边门

农商兼之，并逐渐发家。原准备把建造的宅第取名“岳飞堂”，但因当时秦桧势大，怕引来杀身之祸，后根据“岳飞”两字的谐音，更名为“玉霏堂”。双桂楼石库门的大门上，用圆形大铁钉钉着一块块方砖，据说这是姜家祖上曾作过武将的标记。

双桂楼保存有较为完整的门屋和住楼两进建筑，门屋一间，坐西朝东，面对姜家弄，系二坡硬山造。过庭院为住楼，院中两株苍老的桂树仍生机盎然。住楼南向，面阔五间带两厢。明、次间与厢房前檐柱为八角形，下置八角形提灯青石柱础，上设坐斗承檐檩。明间前步柱亦为八角形，下设形似的扁木础。次间前后步柱下置扁圆形木柱础。二楼构架为内四架后双步结构。脊檩上施彩绘，梁间所雕的双凤朝阳山雾云，浑厚而流畅。楼前照墙上有清水砖雕图案，纹饰精美，属明代建筑风格，艺术价值较高。

链接：姜家巷石碑

姜家巷旧时为村人进出的主要通道，巷口建有圈门与更楼。在巷门墙壁上镶砌有一块石碑，上书：“遵奉宪禁，凡婚丧过往，不论昼夜一概不准索取分文，如违禀究。”下署：“玉霏堂双桂楼立”。这是姜氏为告诫雇用的守巷人员，不准为难有事过往人员而立，此石碑现保存在双桂楼内，不仅是姜家忠厚门风的见证，也是陆巷纯朴民风的象征。

春卿第 位于陆巷康庄巷东端，寒山村 73 号。为明代建筑，面积 460.2 平方米，是苏州市吴中区文物保护单位。

春卿，又称春官，是明洪武时期的一种官职。春卿第是一座沿街分布的小型明代住宅，保存有前、中、后三进。大门朝西，内八字形门屋，因门屋与门前街道落差较大，门前有六级青石阶沿。门屋左右两侧分别是花厅与圆堂的山墙，这在古建筑中并不多见。过门屋为天井，右侧是花厅，左侧为圆堂。花厅朝南，面阔五间，梁椽构架古朴。正厅明间山尖置双鹤祥云山雾云，脊檩两侧施抱梁云，下置荷叶墩。厅前后均置木窗，中间六扇落地长窗。长、矮木窗均为细密的小方格窗式。天井

春卿第石级

东端为厢房，前有一堵砖砌梅花形花窗，古朴而美观，属明代墙壁。

圆堂面阔五间，进深六檩，梁架低矮，立柱粗壮，贴黑漆锦布，下置复盆形木鼓墩，正间左右隔樘古朴，属明代建筑。后进四间带两厢，清代中期已翻建过，与前两进明代房屋相比，建筑风格差异较大。中进与后进住宅之间有一窄长小天井，东端有一口古井，为明代建宅时所掘。春卿第整座建筑仍保持明代建筑风貌。

三有堂 位于陆巷拐角、姜家弄口，为明代建筑，面积 292.3 平方米，苏州市吴中区文物保护单位。

周姓祖传宅第，保存门屋、圆堂与住楼三进房屋。其宅布局与东山一般住宅不同，极具建筑特色。大门西向，库门形式。门屋一间，进深五檩，同圆堂并排而建，但门前缩进一椽。这样的门屋布局在陆巷古建筑中甚为少见。进大门为一小天井，朝东有一座石库门，跨入二门即为圆堂。照墙低矮、简陋、朴素，并无大宅园之气派。圆堂朝南，面阔三间，进深七檩，内四界前后单步形式，明间前檐柱下置青石质提灯形柱础，上设坐斗承檐檩，步柱下置扁圆形木柱础。圆堂中间前为六扇落地长窗，左右两间边上各开有一扇小门。西侧一间与圆堂并排而建，且亦缩进一椽，同东侧门屋相对称。

住楼面阔五间带两厢，进深九檩，前步柱下设扁圆形木柱础。二楼构架为内四界后双步形式，明间后设穿堂，构架朴素，较有特点。楼前为简洁皮条门楼，砖刻朴素无华，规制小而低矮，沿下有类似“圭脚”形式的砖雕一条，花纹分为三组，中间一组较长，两端较短，为折枝灵芝花，砖刻线条深且流畅。楼左右厢房各两间，上下两层，上层屋面檐口缩进一椽，同下层厢房副沿成阶梯式。住楼前后均为木窗、木裙板。楼上前面上部为半窗，豆腐小方格，镶明瓦。半窗下木裙板直连下层木窗，前后均相同，外观是一座砖砌宅园，但内看似一座木屋，建筑风格在古村较有特色。

熙春堂 位于陆巷大湖头村，为明代建筑，面积 379.2 平方米，被苏州市吴中区文物地图册收录，为叶氏祖传宅第。

熙春堂原规模宏大，根据西侧保存较为完整的长约 100 米的石围墙可知，原面积至少在 3000 平方米以上。现保存有茶厅、家堂间、楼厅与附房 4 处建筑。茶厅大门东向，面阔三间，规制较为低矮，中间置小方格落地长窗。家堂间大门西向，规制与茶厅相同，是主人摆放历代先人灵位之处。家堂间与茶厅之间为门屋，已毁。据说门屋东侧原来还建有井屋间，以方便附近人家汲水，水井尚存。大厅前专建三间家堂间，这在东山明清古宅中为一大建筑特色。

楼厅前封火墙高达 10 米，顶端屋檐下砌有一圈水磨青砖抛方，抛方左右两角有两个砖雕如意，甚为古朴。楼中间为石库门，门框上方，以手枪形的砖雕件出挑，并叠砌有混线砖数层。上做花边滴水屋檐和细巧的皮条脊，饰有类似盘肠的菱形纹和笔锭胜图案。库门为将军门式，门上镶钉有方砖和铁条。大门左右两旁有两堵瓦窗墙，高达 4 米，下部为砖砌，上半部叠有梅花形的瓦窗。

住楼五间带两厢，进深七檩。左右厢房各两间，上下两层。梁架为抬梁式，明间与次间之中构一缝，施金柱两根。金柱下有扁鼓形木础，用材粗壮，上端有收分，柱头带卷杀，置坐斗，并出丁头拱，承托四椽袱，上架金檩。四椽袱梁肩上，置荷叶墩与大斗，承平梁，架上金檩。平梁之上，又置荷叶墩与一斗三升斗拱，施画戟，承脊梁，并设有山雾云护脊。整个结构极为稳固。西面的梁架结构较为简单，用材也较中间两处为小。各施柱七根，置斗，直接承替木与檩。熙春堂布局、结构及梁架，斜撑部件的做法均保持明代风貌。

世德堂 又名旗杆堂，位于陆巷白沙村二图里 53 号，为明代建筑，面积 250 平方米。为古柏吴氏裔孙吴文灏明末所建，因宅前有四根高大的旗杆，俗称旗杆堂。

该宅原规模极大，前后有巷门，中间有更楼，颇具皇家气势。保存有门屋、书厅、花厅、大厅、住楼等建筑。大门前有一堵高大的照壁，全用水磨方砖斜纹镶砌，气势不凡，为东山古建筑照壁中的精品。书厅中悬匾额“恩荐”两字，丹匾金字，笔力浑厚，苍劲有力。据说为康熙南巡时幸临太湖东山，闻白沙吴氏为延陵后裔且博学多才，故而恩赐。大厅面阔三间，内有屏风与翻轩，厅正中高悬“延陵世德”匾额。厅内立柱粗壮，下置复盆形木鼓墩。地面方砖斜纹铺设，梁檩上画有彩绘，左右两边建有边楼与附房。

世德堂照壁

大厅后石库门颇具特色，青石门楣中间雕有“祥云托圆日，左右两凤凰”的图案，意为“旭日东升，丹凤朝阳”。石库门北面石雕门楣上，左有龙门，右为山脉，中有鲤鱼三条，内一条行将成龙，正欲跳过龙门。住楼面阔三间，两侧置有厢房。进深七檩，前后带廊。大楼后有小姐楼和小圆堂。圆堂左首建有花园，园内筑有假山水池，植以名花嘉木。园中间筑有一座飞檐翘角的亭子，名望景亭，可南望群峰，北眺太湖。

鉴山堂 坐落在陆巷康壮巷南，陆巷村 112 号，为明代建筑，面积 101.7 平方米，是苏州市吴中区文物保护单位。张姓祖传宅第，保存有一幢住楼及部分附房。住楼为二坡硬山造，面阔三间带两厢。内四界构架，梁架圆作，抬梁式，大梁背设童柱承脊檩，山界梁背设矮童承脊檩，较朴素。次间前檐柱下置青石质提灯形柱础，步柱直接落在磉石上。柱顶不设斗，做法简洁。住楼保存基本完好，保持明代风貌。

鉴山堂庭院

鉴山堂古井

乐志堂 坐落在陆巷紫石街东侧文宁巷内，为明代建筑，面积 118.2 平方米，苏州市吴中区文物保护单位。叶氏始建，现属柴姓。保存有二坡硬山造住楼一幢，面阔五间带两厢，进深 6.5 米。二楼梁架为内四界前单步形式。大梁扁作，抬梁式。山界梁背设抹角方形童柱，童柱下部雕以如意头浮雕图案。住楼保存完好，极具明代风格。

顺德堂 坐落在陆巷姜家巷内，为明代建筑，面积 130.8 平方米，苏州市吴中区文物保护单位。原为周姓祖传宅第，现为许姓购买。住楼一幢，面阔三间带两厢，廊柱下设青石质提灯形柱础，步柱下置扁圆形木鼓墩。底楼四界承重下设有前后金柱与中柱，并在柱下均设扁圆形木柱础，形成排柱形式。二楼屋架大梁扁作，抬梁式，山尖施山雾云。明间前照壁细砖贴面，菱形砖雕图案精致。保存较为完整，属明代风貌。

景岁堂 坐落在陆巷寒山村 102 号，为明代建筑，面积 98.2 平方米，苏州市吴中区文物保护单位。叶氏祖传房屋。住楼一幢，系硬山二坡造。面阔三间带两厢，通进深 10.65 米。檐柱下设提灯形青石柱础，前步柱下设扁鼓形木柱础。二楼构架为内四界前单步形式，抬梁式，山尖施山雾云，拱端脊檩两旁置卷云纹抱梁云。住楼构架朴素，为明代晚期中型民居住宅。东面山墙为后期重修，其余建筑保存基本完整。

仁远堂 又称张姓老宅。坐落于陆巷村 114 号，为明代建筑，面积 80.6 平方米，苏州市吴中区文物保护单位。叶姓始建，现属张姓所有。住楼一幢，系二坡硬山造。面阔三间，进深六界 7.5 米。二楼构架为内四界前后单步形式。大梁扁作，抬梁式。边贴穿斗排比式。明间前步柱与次间柱下均设扁鼓形木鼓墩。保存基本完好，保持明代风格。

会辅堂 位于陆巷村康庄巷，为明代建筑，面积 125.5 平方米，苏州市吴中区控制保护建筑。叶氏祖传宅第。保存有住楼一幢，前有庭院，并筑有照壁，院内有古蜡梅一株。住楼五间带两厢，厢房前缩进一界为廊，廊下设青古质柱础，较古朴。二楼构架为内四界前后单步形式。内四界大梁扁作，抬梁式。山界梁背设一斗三升牌科，边贴穿斗式。二楼窗台上置葵式木栏杆。东住楼保存较为完整。

鸣和堂 坐落在陆巷嵩下村，为明代建筑，面积 160.7 平方米，苏州市吴中区控制保护建筑。莫厘王氏祖传房屋。住楼一幢，坐北朝南，大门东向。二坡硬山造，面阔四间带两厢，通进深 12.9 米。屋架大梁扁作，抬梁式，边贴穿斗式。楼前步柱通顶，底楼前檐柱下设八角形青石柱础，上置坐斗承檐檩。前后步柱下设扁鼓形木柱础。大楼保存基本完好。楼前山墙高耸，青石库门正面镌笔锭胜浮雕图案。楼厅落地长窗上雕有精致的木雕裙板，中间为福禄寿三星肖像，左右分别为梅兰竹菊和四季花果图案。住宅后保存有一座高大、宏伟的清水砖雕门楼，上下三层，中间字牌镌刻“竹苞松茂”四字。所雕的人物、花卉精细，立体感强，属明代砖雕精品

三祝堂　位于陆巷嵩下村，为明代建筑，面积 208.2 平方米，苏州市吴中区控制保护建筑。莫厘王氏祖传宅第，保存有门厅、照壁、住楼与附房等单体建筑。库门右西侧照壁不大，保存完整，檐下有 12 个青砖斗拱，下方为 3 方精致的菱形砖雕，中为笔锭胜浮雕，左右两侧是两枝砖雕灵芝。住楼坐北面南，四坡歇山落翼做法。面阔五间，进深六界带前后厢。前檐柱下设提灯式青石柱础，前后步柱下设扁圆形木鼓墩。二楼构架为内四界前后单步形式，抬梁式，山尖施山雾云，脊檩两侧设抱梁云。四坡歇山形式的明代民居建筑，在现存古建筑中已不多见。

三祝堂

裕德堂　坐落在陆巷嵩下村，建于明代晚期，面积 251.9 平方米，苏州市吴中区控制保护建筑。莫厘王氏祖传宅第。住屋一幢，体积较大。面阔五间带两厢，进深九檩，达 21.95 米。大梁扁作，抬梁式。构架为内四界前廊后轩形式。明间脊檩施描金锭与彩绘，保存完好。明间前后步柱下均设扁鼓形木柱础，极具明代特色。

裕德堂门楼

裕德堂花厅

粹和堂边墙

粹和堂内门楼

粹和堂 位于陆巷文宁巷北侧花翎巷内，清代建筑，面积 1984.8 平方米，苏州市吴中区文物保护单位。清道光年间（1821—1850）叶藻所建，其中棋乐仙馆 2005 年作为旅游景点对游人开放。

该宅规模宏大，四周有高耸的院墙相围，形成一个封闭的大庄园。单体建筑可分为中、东、西和西侧附房四路。中路有门屋、轿厅、天井、大厅、楼厅、后楼、后屋及花园等，门屋前还有更楼。东路建筑有棋乐仙馆、东住楼、后住楼。西路是客房、戏台、花厅、西住楼四进。西侧附房有四组十一间。东路东侧有依山而筑的绿阶山庄。三路主体建筑之间有东西备弄相通。每进单体建筑之间有庭院、天井、塞口墙相隔，形成独立的小宅院。宅院南端有东西向的门巷，门巷西端为门第。

门第西向，面阔三间，进深六界。门楼上清水砖雕有三层透雕，可与雕刻大楼（春在楼）的砖雕媲美，内容为古代神话与戏剧故事等。大厅宽敞，上有草架、廊轩等，制作精巧，用料粗壮，大多为楠木。楼厅五间带两厢，面阔 21.8 米，进深 14 米，保存完好。住楼亦为五间带两厢，面阔和进深与楼厅相同。天井中有一口古井，八角形青石井栏，井栏上有汲水的绳印，常年不涸，至今仍有周边村民到此井汲水。

维新堂 位于陆巷村 34 号，清代建筑，面积 379.5 平方米，苏州市吴中区文物保护单位。叶氏祖传宅第。其宅坐北面南，保存有仪门、大厅、住楼及附房四进单体建筑，每座宅房之间有天井相隔，以解决通风、采光等问题。大厅面阔五间，进深 11 米，内四界前轩形式。内四界大梁扁作，抬梁式。山界梁背设二斗六升牌科，山尖施山雾云。住楼面阔三间带两厢，通进深 12.6 米。二楼构架为内四界前后单步形式，大梁扁作，抬梁式，边贴穿斗式。四进房屋基本完好，大厅前轩于清末修缮过。

三德堂 位于陆巷文宁巷北侧，圆堂属清代建筑、住楼为民国时期建筑。面积 135.9 平方米，苏州市吴中区文物保护单位。王姓祖传宅第，20 世纪 80 年代售与张氏。该堂原规模较大，分东西两路建筑。西路有门屋、圆堂、住屋、住楼四进。东路有花厅、客厅、附房。现仅存圆堂、住楼及东路部分附房。圆堂南向，面阔三间，进深七檩。内四界前后单步形式。内四界大梁扁作，抬梁式。山界梁背设一斗三升牌科。住楼面阔三间带两厢，进深 13.2 米。二楼构架为内四界双步结构，内四界大梁圆作，抬梁式，较简洁。现圆堂、住楼保存基本完好。

谦和堂 位于陆巷嵩下村，清代建筑。保存有住楼 1 幢，面积 95.1 平方米，苏州市吴中区控制保护建筑。王姓始建，20 世纪 70 年代售与严姓。住楼面阔三间，进深九檩。檐、步柱下设圆形花岗石柱础。二楼构架为内四界后双步结构。大梁圆作，抬梁式，穿斗式构架。住楼保存基本完好。

昭仁堂 又名照成堂，位于陆巷含山村 84 号，清代建筑，面积 180.7 平方米。叶姓始建，2000 年售与陈姓。保存有门屋、圆堂与后进附房等单体建筑。门第作将军门形式。木质高门槛，左右置坤石，坤石前侧面分别雕麒麟、牡丹纹图案，其做法极具地方特色。圆堂面阔四间带东厢，内四界大梁扁作，抬梁式，步柱下设扁鼓形木柱础。门屋、圆堂均保存完好。

乐雅堂 位于陆巷康庄巷北侧，清代建筑，面积 120.2 平方米。苏州市吴中区控制保护建筑。叶姓始建，民国时期作过钟英小学校舍，1975 年房主售与张姓。保存有门屋、大厅等。大厅面阔四间，进深七檩。构架为内四界前后单步形式。内四界大梁圆作，抬梁式，边贴穿斗式。步柱下置青石质圆形柱础。1950 年起因长期无人居住，大厅损坏严重，张氏购买后，购置清代木构件及砖头，进行落架修缮，使之恢复了原貌。

蔼吉堂 位于陆巷寒山村 201 号，清代建筑，其东住楼属明代建筑，面积 1028.8 平方米。叶寿安祖传宅第，据说为叶氏曾祖明末时在荆湘一带经商发迹，晚年归里所建。保存有门屋、前厅、大厅、前住楼、后住楼、东住楼六进单体建筑。大门东向，较为朴素，藏而不露。前厅三间，大梁扁作，山尖设山雾云，脊檩两侧施抱梁云。大厅三间，进深六檩。明间后穿堂连石库门，通前住楼天井。大梁扁作，抬梁式。山尖设山雾云，脊檩两侧施抱梁云，桁下置托机，其建筑规制稍胜于前厅。穿堂两侧有两个蟹眼天井，以解决采光与通风。庭前四周封火墙高达十米，左右封火墙下筑有船形轩走廊，闭门可自成一宅院。

前住楼面阔五间，进深六界带前后厢。前檐柱下设提灯式青石柱础，前后步柱下设扁圆形木鼓墩。二楼构架为内四界前后单步形式，抬梁式，山尖施山雾云，脊檩两侧设抱梁云。后住楼与东住楼建筑风格基本与前住楼相同。

怡古堂 位于陆巷山趾村 77 号，民国时期建筑，面积 250 平方米。叶姓始建，20 世纪 80 年代售与徐姓和陈姓。保存有大厅与圆堂两进建筑。大厅建于清代，东边圆堂等大部分房屋为民国时期增建。

大厅面阔五间带两厢，进深六檩。大梁扁作，抬梁式，边贴穿斗式。山尖施山雾云，梁下置托机，脊檩施彩绘。明间次檐、步柱下设扁鼓形青石柱础，石鼓墩上均雕有浮雕图案，檐柱石墩雕云雀，步柱石墩雕牡丹。厢房四界，梁圆作，抬梁式。明间落地长窗八扇，裙板上木雕有笔锭胜、菊花双雀等图案。门楼内八字开，青石门框，前有砖雕。圆堂位于大厅东侧，面阔五间带两厢，进深六檩，前两界、后四界屋。大梁圆作，正贴抬梁式，边贴穿斗式。明间后檐伸出一椽，另辟一后门间。前步柱下扁鼓形花岗石鼓墩较大。厢房两间，四界屋，梁圆作，抬梁式，边贴穿斗式。大厅及圆堂均保存完好。

穆家老宅 位于陆巷含山村 12 号，民国时期建筑，面积 150 平方米。原为叶家老宅，后售与穆姓。为住楼一幢，面阔三间带两厢，进深六檩。屋架梁、桁、柱、椽均为方料，在古建筑中很少见。大梁扁作，抬梁式。边贴圆作，穿斗式。楼后墙筑明式窗洞，青石窗框，较小。楼前左右两边筑有门楼，东侧门屋简洁，前后都贴有“圭”形砖砌线脚。庭院中细砖侧铺成正方形。楼前置一排小方格明瓦木窗，下置木裙板。明间步柱下置复盆形木柱础，后步柱直落方砖上。住楼保存完好。

严家老宅 位于陆巷村 89 号，民国时期建筑，面积 120.5 平方米。其宅院原有东西两路建筑，东路有大厅、住屋，西路有门屋、轿厅、花厅。现西路门屋、轿厅已毁，仅存花厅。花厅为内三界前轩后单步形式。内三界梁架圆作，抬梁式。轩施鹤颈椽，檐柱与步轩柱下设花岗石圆鼓形柱础。住屋面阔三间带两厢，进深七檩。内四界大梁扁作，抬梁式，做法较简洁。

其余古宅

萃喜堂 位于陆巷韩家巷，明代建筑，王姓始建，有住楼一幢。

耕心堂 位于陆巷白沙十六图，明代建筑，叶姓始建，保存有门屋、大厅、住楼等建筑。

达顺堂 位于陆巷白沙十六图35号，明代建筑，吴姓祖传宅第，保存有门屋、住楼等建筑。

莫家老宅 位于陆巷山趾205号，明代建筑，叶家始建，后售与莫姓，保存有住房一幢。

三余堂 位于陆巷北望王舍村，明代建筑，王姓祖传房屋，保存有门屋、住楼等建筑。

珠玉堂 位于陆巷韩家巷，清代建筑，王姓始建，保存有住房三间。

盛让堂 位于陆巷白沙头图里，清代建筑，叶姓祖传宅第，保存有住楼一幢。

爱芦堂 位于陆巷白沙二图里87号，清代建筑，吴姓祖传宅第，保存有圆堂一间。

鹤和堂 位于陆巷山趾村，清代建筑，叶姓祖传宅第，保存有住屋三间。

凝和堂 位于陆巷北望王舍村，清代建筑，叶姓始建，保存有门屋、厅堂两进建筑。

登青堂 位于陆巷北望村，清代建筑，徐姓祖传宅第，保存有住楼一幢。

惠荫堂 位于陆巷北望南望村，清代建筑，朱姓祖传宅第，保存有住楼、附房两进建筑。

树志堂 位于陆巷北望南望村，清代建筑，朱姓始建，保存有住楼一幢。

万寿堂 位于陆巷北望岭村，清代建筑，王姓祖传宅第，保存有门屋、住楼两进建筑。

春醒堂 位于陆巷北望店门头村，清代建筑，王姓祖传宅第，保存有大厅、住楼两进建筑。

◉ 祠庙

叶氏宗祠 位于陆巷朱巷街西侧（现山趾村76号），据门屋西侧壁中《重建叶氏宗祠门楼记》载，该宗祠重建于清道光年间（1821—1850）。清代初期，叶尧明在朱巷大街建叶氏宗祠，但规模较小。道光年间，朱巷叶祠因年久失修，即将坍塌。后裔叶熙宁又集族中公议，捐资重建宗祠，不仅恢复了宗祠原貌，还增建了住屋、书舍，以供裔孙读书。

叶氏宗祠占地约两亩，东西两侧为观音兜山墙。门屋南向，面阔两间，进深三界。中间西墙壁间镶砌有石碑两块，为建祠所记。里侧为《重建叶氏宗祠门楼记》，落款为“道光二十八年，三十世裔孙邦鉴”。旁边一块为捐款人名单，达数十人之多。

前厅三间带两厢，内四界大梁圆作，抬梁式，边贴穿斗式。前轩作鹤颈形式，轩梁下设蜂头，下有托机。前檐椽子出头半椽，以保护前檐下落地长窗。左侧有门，水磨青砖门框，通西边花园。园内筑一小轩，顶作海棠椽，小巧玲珑，别具一格。过天井为大

叶氏宗祠

张家祠堂

厅，面阔三间，内四界大梁圆作，抬梁式。规制与前厅相同，但用料甚多，胜于前厅。后圆堂为大厅东侧又一路建筑，前有高墙，四周檐下砌有水磨青砖抛方，院落较大。住屋面阔三间，内四界大梁圆作，抬梁式。前设鹤颈轩，轩梁下设蜂头，侧面雕有花卉图案。前后步柱下设扁鼓形花岗石柱础。天井前置花岗石踏步石三级，旁有两匹石马。西侧附房五间，进深六檩。大梁圆作，明间抬梁式，边贴穿斗式。东边两间住房为泥满顶，装有花窗、洋门，为民国时期增建。

张家祠堂 位于北望金坞东边蔡家山麓，建于民国初年。保存有祠屋前后三进，加西侧附房共 15 间，建筑面积 500 平方米，房屋基本完好。据 1917 年所刻印的《东山张氏家谱》记载，该祠堂原有小屋 20 多间，为张平甫、昆仲等 3 人居住。清咸丰、同治年间（1851—1874）遭兵火，改建为家祠。保存的张家祠堂前厅敦本堂匾额系潘文恭所书，取敦睦务本之意，旧屋 5 间中的 3 间已改为祠龛，两旁为休息之所。后屋左为灶屋，右 5 间改为丙舍。张氏族中因贫一时不能安葬者，于此暂殡。祠堂后门以“清河丙舍”为额，屋料坚固，略为修葺。祠中祀始祖唐代御史中丞张巡，以及一世祖张省至十七世张景裴等。

席家支祠 位于陆巷含山村 150 号，朱巷山脚下，建于清宣统元年（1909）。保存有庭院、门厅、大厅、前住楼、后住楼四进建筑，面积 677.4 平方米。据大厅前轩廊壁间《新建席氏支祠始末》碑文记载，该支祠规模较大，大厅后面还有住楼，左侧有附房多间。不远处即为席氏墓地，占地 6 亩，墓碑尚存。

席家支祠

席家支祠古碑

庭院大门东向，面积220平方米，左右均开有圈门。门厅三间，进深六界，前廊下壁间镶砌有5块青石碑。大厅前有天井及清水砖雕门楼，花岗石边框精细。大厅面阔三间，进深八界，厅高12米，大梁扁作，施以彩绘。厅前分别置鹤颈轩与船形轩。西侧前住楼三间，大梁圆作，朝西筑有围墙，砌有瓦窗，较古朴。后住楼规制及面积与前住楼相同。轩廊东侧壁间所镶砌的碑记，高2.9米，宽1.2米，共1709字。碑石四周镶有砖雕花纹，碑左右两旁，塑有两只飞翔的仙鹤，落款为“清宣统三年岁次辛亥季夏之月，三十八世裔孙裕康锡蕃谨志，诸暨孙远翰篆额”。碑文详细记载了席氏瑕卿一支，清末从翁巷席家湖迁到后山朱巷筑墓建支祠的过程。该碑保存完好，字迹清晰。

寒山庵 又名寒谷山庙、寒山观音殿，位于陆巷古村东面的寒谷山上。该庵始建于明代，明王鏊《震泽编》上就有“寒山之西北，曰寒山庵”的记载。明清两代多次重修，现在的寒山庵为民国初期建筑。该庵分为两部分，东面为纯阳殿，西侧为观音殿。纯阳殿庙屋三间，正殿祀道教大仙“吕祖”，即“八仙”之一的吕洞宾，面壁上还塑有“百子图”。观音殿前后两进，山门上端镌刻有“观音宝殿”四个字，落款为“民国乙卯年”。前殿面阔三间带两厢，进深六檩，奉祀“西方三圣”。另外，东侧有附房三间，为庙尼膳息之处。

寒山庵

沙岭猛将堂

沙岭猛将堂 位于陆巷白沙纪革村，地处陆巷与白沙之间的山丘上，清乾隆《太湖备考》载 :“刘猛将庙，一在东山沙岭……” 现庙屋两侧还存有镶嵌在墙内的清乾隆年间（1736—1795）的石刻碑记。庙堂面南 3 间，古朴庄重，面积 120 平方米，门前正中上方悬挂匾额，上书“沙岭上天王行宫”。有“严禁衙门抽丰告示碑”一块，高 1.14 米，宽 0.56 米，字 9 行。碑额“特授江苏苏松常等处太湖理民府”，落款“道光叁拾年十一月十九日示”。碑文为“地方居民凡有婚丧之事，衙门抽丰，更有无业游民在辕前听便，更有无赖之辈拿抽……特示严禁，禀遵毋违”。

门前一片广场，青砖铺地，平整宽敞，旧时与行宫相峙者为戏台，左为武圣宫，其前为城隍庙。中华人民共和国成立后，庙堂得以保留，但移作他用。2006 年村民筹资整修房屋，使之恢复原貌。

大河头猛将堂　位于陆巷大河头村，建筑面积 122 平方米，正中供祀上天王猛将神一尊。始建年代不详，据堂内古碑记载，该庙堂重建时间为清光绪二十二年（1896），已有一百多年历史。庙堂面西，有正屋三间，前进鹤颈轩，配有 18 扇平门，颇具特色。该猛将堂原早已破旧不堪，2006 年由村民捐资重建。

朱巷猛将堂　位于寒山朱巷村，始建于清道光年间（1821—1850），庙堂西向，进深七檩，面积 90 平方米。因年久失修，仅存屋基。2007 年由朱巷村民发起，村人捐资近 3 万元重建，现已基本恢复原貌。

张巷猛将堂　位于陆巷张巷村陆杨古道西侧，建于清早期，庙屋面东，计 3 间、80 平方米。西侧墙间砌有清雍正年间（1723—1735）朝廷敕封刘猛将为吉祥王的碑石。门前一株百年榆树，历经风霜，苍老不堪，据当地老人所说，该树与猛将堂同岁。庙屋原已成危房，2004 年由村民捐资 4 万元翻建房屋、装置门窗，并在庙堂中置吉祥王匾额。

张巷猛将堂

南望猛将堂 位于陆巷南望村，始建年代不详，据屋内两块石刻碑记载，南望猛将堂于 1925 年重建。殿宇古旧但十分轩敞，庙屋南向，面阔三间，进深八檩，面积 130 平方米，门前辟有一块场地，两旁遍植银杏。1950 年后，庙堂长期作为生产队仓库。1998 年与 2004 年，村民分别捐资 4.55 万元、10.5 万元，对猛将堂进行全面修缮。

◉ 泉井

化龙泉 又名化龙池，明代古泉，位于陆巷沙岭东侧王鏊祖茔之后，东山古代十大名泉之一。清乾隆《太湖备考》载："泉水自半山石穴中出，清溪潺潺，奔流入湖。登高远视，宛如银龙从谷中解脱，奔下山下，甚为壮观。"清诗人陆燕喆《化龙池》诗云："瀑泉惟嵩岭，胜甲五湖峰。乱石穿云线，清池坠玉龙。"该古泉至今仍为村民旱季灌溉果树用水。

松雨泉 明代古泉，位于后山陆巷蒋湾村，因原山坡上松林茂密而得名。清叶松《松雨泉》诗云："一脉通云壑，泉声得所从。流香疏宿雨，湿翠积高松。"该名泉现在蒋湾宝俭堂东花园内，常年碧水盈盈。

自芳泉 明代古泉，位于陆巷蒋湾村松雨泉附近。清乾隆《太湖备考》载，其泉水清冽，与松雨泉齐名。且两泉均位于山岩水脉之上。清叶松《自芳泉》诗云："涸尽家家井，寒泉此独清。喜邻松雨畔，一脉可同倾。"泉水终年不涸，今附近村人仍汲泉煮茶。

惠头井 明代古井，位于陆巷惠头自然村山道旁，粹和堂后门旁。八角形青石井栏，极为古朴，西边沿口已破损。井水清冽，终年不涸。

蒋湾井 义井 明代古井，位于陆巷蒋湾村进口处，康庄巷东。青石六角井栏，井圈较小，井栏朝南雕有一佛案图像，内镌刻有建井时间，但已模糊不清。井水清冽，至今仍为附近村民常年生活用水。蒋湾村南有义井一口，为明代古井，六角形青石井栏，甚为古朴，井水清冽可掬。井栏东面镌刻"蒋湾义井"4 个大字。井台旁立一块石碑，上镌刻有《乡约义井记》，全文332字，记载了村人开挖义井的经过和意义，落款为"明正德戊辰仲夏举人庄铖撰"。

玉带井 明代古井，位于陆巷紫石街民国菜场旁，会元牌楼东侧。六角青石井栏，栏上镌刻有"玉带泉"三个大字及"明弘治九年王壑舟塑"等小字，栏虽已破损，但制作较精致。

玉带井

头图井 又称大井，明代古井，在白沙村头图村口。八角形青石井栏，甚为古朴。井场为两块各长 3 米、宽 1.5 米的青石板铺筑，石板靠井栏处还雕有两个脚印。井水清冽，至今仍为村民常年生活用水。

花翎巷井 清代古井，位于惠和堂花翎巷东侧。六角形青石井栏，较为古朴。井栏下为完整的两大块青石垫石，且雕有石槽，甚为美观。井水清冽，附近村人到井台洗衣、洗物较多。

花翎巷井

纪革井 清代古井，在白沙纪革村六组。六角形青石井栏，较古朴，但已有破损，属清早期古井。井深 8 米，历史上大旱之年，供全村人汲取生活用水，不曾干涸。井水清冽，村人常年汲水、淘米、洗衣。

磨盘井 清代古井，在白沙村二图里，其井很有特色，井无井栏，由两块巨大的花岗石磨盘筑成。下磨盘砌在井场里，作为汲水的井口，上磨盘为井盖，竖在井旁，可随时闭合。井水至今仍为村民主要生活用水。

◉ 古木

岭下银杏树 在北望岭下村，树龄 2000 年，雄性。树高约 35 米，一百多年前遭雷击，主干被雷电击中而一劈为二，如今只剩下 1/4 的树身，但树围仍粗达 3.7 米。遭雷击后，东西两侧各从根部长出 2 株碗口粗的小银杏树，长势良好。苏州市吴中区农林局 2006 年挂牌保护名木。

南望银杏树 在北望南望村口，树龄 800 年，雄性，高 30 米，胸径粗 2.6 米，枝叶茂盛。苏州市吴中区农林局 2006 年挂牌保护名木。

纪革银杏树 在白沙纪革村观音庙前，树龄 700 年，树高 28 米，胸径 2.5 米，长势良好，仍大量结果。东侧半株树 2000 年遭雷击而劈开下垂，已用铁架支撑保护。苏州市吴中区农林局 2006 年挂牌保护名木。

白沙银杏树 在白沙关帝庙前，树龄 760 年，树高 30 米，胸径 2.5 米。东侧枝干因曾有白蚁而长势较差，现村里已灭杀白蚁并采取保护措施。苏州市吴中区农林局 2006

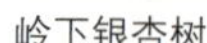
岭下银杏树

纪革银杏树

年挂牌保护名木。

白沙当当银杏树

1 号当当古银杏树　在白沙村当当山路旁，树龄 360 年，树高 20 米，胸径 2 米，长势良好，每年结果。

2 号当当古银杏树　在白沙当当山路旁，树龄 300 年，树高 18 米，胸径 1.8 米，长势一般。

3 号当当古银杏树　在白沙当当村山路旁，树龄 360 年，树高 25 米，胸径 2 米，长势良好，仍大量结果。

三株古银杏树均为苏州市吴中区农林局 2006 年挂牌名木。

含山橘树　在陆巷含山村第 8 村民小组，树龄 100 年，高 7 米，胸围 1.1 米，树冠幅 6 平方米，1995 年结果 200 千克。现树龄渐老，长势一般，年采橘子 150 千克。苏州市吴中区农林局 2006 年挂牌保护名木。

北望杨梅树　在北望岭下村山坡，树龄 200 年，高 8 米，胸围 2.4 米，树冠幅 20 平方米，1998 年采杨梅 1000 千克。现树龄渐老，长势一般，年采杨梅 500 千克。苏州市吴中区农林局 2006 年挂牌保护名木。

北望杨梅树

北望香樟树

北望香樟树 在北望村四德堂屋后，树龄 200 年，高 10 米，胸围 1.8 米，枝干挺拔，长势旺盛。苏州市吴中区农林局 2006 年挂牌保护名木。

北望榉树 在北望村混山头阳山坡，树龄 130 年，高 15 米，胸围 1.2 米。生长在村子里，四周建房屋，长势一般，村里已在树周围采取保护措施。苏州市吴中区农林局 2006 年挂牌保护名木。

遗迹遗址

南、北箭壶岛 又名箭浮岛，据传吴越春秋时，吴国军队常在此练武射箭，日积月累堆成“箭浮”。其中南箭壶岛位于陆巷西南太湖中，面积 0.45 平方千米，海拔 8.2 米。小岛北部为滩地，南部为低平的草地，红黄土。岛上有陆巷村民承包的橘林。北箭壶岛位于陆巷东北部，距寒谷山 0.5 千米，面积 0.2 平方千米，海拔 13.7 米。岛西北部为小丘，东南部为平地，红黄土，种有果树。

北箭壶岛

南、北瞭望哨 在陆巷西部北望山。相传吴越春秋时，吴国在此设置瞭望哨，以观察越国在太湖中的军事动向。后来这两个哨所发展为南望与北望村。哨所早毁，仅存树龄 2000 年的古银杏树和塔头、岭下、王舍等古村遗迹。

宋代古井 1996 年在陆巷村沙滩山坡发现一口古井，深 15 米，上层为砖砌，下层 5 米左右为岩层所凿而成，岩层周边还有踏脚的凹形。抽干井水、清除井中杂物，发现韩瓶 10 只和棕绳等遗物，经苏州市文管部门专家考证，韩瓶及井圈内壁砖砌等井内遗物为宋代物品，故此井被判定为宋代古井。

王鏊墓 位于后山梁家山麓，面向太湖，遥对西山。明嘉靖七年（1528）筑，原规模宏大，占地数十亩，现保存有正中三穴大墓。嘉靖三年三月十一日，王鏊卒于陆巷宅第，嘉靖帝下旨辍朝一日，并赐麻布五十匹，赙米五十担，谕祭九坛，诏遣工部择日营葬。嘉靖七年九月，朝廷遣苏州知府吴缵宗主祭官葬，并追赠王鏊为太傅，谥文恪。墓道前有石坊，石柱上镌有门生唐寅拜撰的楷书对联："海内文章第一，山中宰相无双"。墓前左右各建碑亭一座，内均竖有嘉靖帝御碑。墓前置石羊两只、石狗两只、翁仲两对。1966 年，陵墓地面翁仲、石兽、碑亭、墓碣、坊柱尽毁，墓地成了一片橘林，而深埋地下的三个主墓穴一直未动。

1986 年 3 月，王鏊墓被公布为吴县文物保护单位后，地方文物保护部门采取了一系列保护措施，规定了墓穴东西相距 70 米，南北距离 5 米为重点保护范围。墓道重点保护区外 20 米为一般保护区，一般保护区四周 12 米为建设控制地带，使王鏊墓得到了很好的保护。1996—1997 年，县镇二级政府拨款 1 万多元，在古墓外壁筑高 60 厘米、厚 40 厘米、长 6 米的混凝土墙。1998 年，又耗资 1 万多元，在整个墓顶采用双层钢筋混凝土加固进行保护。

北望吴家浜古码头碑记

吴家浜古碑 在陆巷北望村吴家浜平磐，明碑，青石质，正书，高 1.6 米，宽 0.85 米，厚 0.24 米。明正德九年（1514）甲戌正月，进士兵科给事中黄训撰，良朴马玑书篆。该碑共 570 个字，记载了北望村的地理位置、经商枢纽作用，以及叶守庆与乡绅合议，建造吴家浜的经过，现古碑保存完好。

山道（路）

白豸岭山道 从后山朱巷至俞坞，中间连接虾缀岭。清顺治年间（1644—1661），朱巷人朱必抡出资修筑。山道由块石铺砌，保存基本完好。

白沙岭山路 从庙渎上原新庙至白沙，全长1.5千米。清光绪年间（1875—1908），太湖同知白桂昌倡修。山路由黄石砌筑，较为平坦。其中长约250米，白沙至周湾一段路面为清末所筑。砖砌路面，岭上筑有桂公亭，为纪念太湖同知白桂昌而筑。

嵩峰山道 从陆巷至俞坞，清末所筑，山间块石铺筑路面，全长2千米，现仍为果农山间行走要道。

碧螺山道 由朱巷经碧螺峰至槎湾，山间块石铺筑路面。清代所筑，全长2.5千米，保存基本完好。

白沙山道

义渡古码头

义渡 位于后山太湖畔，清道光年间（1821—1850）创办，从后山陆巷渡至西山镇夏，晨出晚归，每日一班渡船。原陆巷乡民至西山雇小舟渡湖，常遭险情。道光五年（1825），山人徐学巽、叶长福捐资置大船，养渡夫，不取渡资。太湖厅同知罗琦撰有碑记。清咸丰年间（1851—1861）因兵乱停渡。清光绪二年（1876），村人王仲鉴等又恢复东西山义渡，募造大船经费及渡夫3名，其工资与食米均由莫厘三善堂拨给，于后山体仁局领取。陆巷义渡码头遗址尚存。

仙人石 在后山陆巷寒谷山顶，有巨石七八块，有的横卧，有的侧倚，如床像椅，称仙人床和仙人椅。另有一块巨石，形状如一只伏蛙，相传为仙境金蟾，因留恋寒谷山美景，被刘海点化成石，留在寒谷山上。山脚下一块高2米，兀立的巨石，好像石上有人坐过，足迹宛存，脚印长尺余，足趾、足弓、足跟清晰可辨，人称之为“仙人石”，为陆巷寒谷山著名古迹。

仙人石

古村保护

陆巷古村落的全面保护始于2002年，从古村内搬迁陆巷小学，修缮惠和堂、紫石街和3座明代牌坊。2005年起开始制定陆巷古村落第一次保护规划，2010年制定第二次历史文化名村规划。2006—2016年，先后改造陆巷古村沿街巷房屋立面60余家，新建外墙7.5万平方米。全面修复一街六巷，面积达1000多平方米。修缮惠和堂、会老堂、宝俭堂、春卿第、三有堂、民国菜场等古建筑10多处。

◉ 总体规划

2005 年，制定《苏州东山陆巷古村落保护与整治规划》。次年，出台《东山陆巷古村落保护管理暂行办法》。2010 年 11 月，制定《苏州市东山镇陆巷历史文化名村保护规划》。2012 年 8 月，苏州市人大常委会通过了《苏州市东山镇陆巷历史文化名村保护规划》。

第一次总体规划 2005 年 5 月至 2010 年 10 月。2005 年 5 月，苏州园林设计院制定《苏州东山陆巷古村落保护与整治规划》。

规划范围分三个层次：第一，核心保护区。陆巷历史古村范围，即一街、三港、六巷，面积 11.1 公顷。第二，建设控制区。古村主要风貌地带，保护范围东依寒谷山，南至新山北，西临太湖边，北到寒山港，面积 20.9 公顷。第三，风貌协调区。核心保护区与建设控制区以外划定的以生态绿化为主的区域，面积 49.46 公顷。

规划原则：真实性、整体性、协调性、可持续性。真实性：以古村落现状及历史遗存为规划依据，保留其原有的历史发展脉络。整体性：重视文物古迹的同时，保护构成古村落整体空间的环境和风貌特色、建筑群落、人文环境和自然环境。协调性：对古建筑、自然环境和人文景观保护的相关要素，在建筑尺度、组合关系、色彩、形式等方面加以协调。可持续性：处理好保护与更新改造之间的关系，重点保护、恢复和更新主要的特色街巷。

规划目标：充分挖掘古村落的文化内涵，保护与延续独具特色的反映明清及民国时期浓郁江南水乡的古村风情和风貌。

在保护古村落历史文化遗产的前提下，有序更新、改善环境，提高村民生活质量。

依托太湖，发挥古村落优势，突出古村落特色，充分利用现存的历史、人文资源，发展独具特色的水乡古村旅游文化，综合开发旅游资源，推动陆巷村的经济发展。

第二次总体规划 2010 年 11 月至 2020 年 12 月。2010 年 11 月，苏州规划设计研究院制定《苏州市东山镇陆巷历史文化名村保护规划》。规划分总则、历史文化特色与价值综述、历史文化名村保护与利用、用地与人口及空间、交通市政设施、旅游系统、近期实施、政策建议、附则 9 章。

该规划同第一次规划相比，有四点明显区别：

第一，补充古村建设和发展规划内容，并与相关规划相衔接，形成更为完善的历史文化名村规划。重新规划范围。划定风貌较好，能反映传统空间形态的 23.94 公顷区域为历史村落范围，即东至古村落东侧山角一侧，西到环山公路，北至寒谷山，南到陆巷村委会北侧。划定东至春卿第，西到环山公路，南至仁寿堂，北到双桂楼，包括遂高堂、惠和堂在内的 10.18 公顷为古村落核心保护区范围。划定东到白石岭，西至离湖岸 100 米，北至寒谷公园，南到新山北的 76.38 公顷范围为建设控制地带。

第二，加强村落周边环境的保护，将周边山体、滨湖地区、水体作为重要保护对象，划入历史村落保护范围或建设控制地带。针对不同保护区划，深化建筑高度控制及其他保护要求。明确及细化保护内容有：一街、六巷、三港传统街巷格局空间形态；25 处优秀传统建筑以及相关传统民居；3 座古牌坊、3 条古河道、3 个古渡口、11 口古井、1 座过街楼及 4 个河埠头等。

第三，根据保护目标，加强出入口、重要节点的保护与控制。落实保护措施有：优化核心保护区用地，疏解居住人口；改善居住环境，增加文化与旅游接待设施；在外围增加停车场，禁止机动车辆进入核心区；增建沿港驳岸、码头、河埠，赋予村落一定的空间；对区域内文保单位、优秀传统建筑以及传统民居进行修缮整治，恢复建筑格局及外部风貌。

第四，深化规划实施措施，补充必要的图表，规范用词、用语。新增村域区位图、古村区位图、古村范围保护图、村域公共设施配套图、旅游线路规划图等 37 幅图纸。

◉ 环境整治

2006 年，成立东山镇陆巷古村保护领导小组与陆巷古村保护管理小组，每年两次，对陆巷古村的古建筑进行检查，发现问题及时解决。2007 年，建立陆巷古村建设与管理委员会，具体落实整治措施，由一名副镇长主抓工作。同时，吴中区与东山镇、村共同筹资 4500 万元，实施陆巷古村落第一期整治与建设工程。

街巷修缮　2008—2016 年，投资 1500 万元，全面修缮了紫石街与两侧的 6 条古巷，以及街上的 3 座明建牌坊。同时，投资 500 多万元，对古街、古巷两侧遂高堂、三有堂、怀德堂、怀古堂等 18 座古宅进行立面改造，修复了粹和堂、状元墙门、乐志堂等古宅破损门窗与门前道路。

古巷　　古宅

工厂搬迁　吴中区文化印刷厂，原属村办企业，1997 年转为民营企业，该厂位于陆巷古村口，占地 5000 平方米。因与古村保护和旅游发展不协调，于 2006 年迁出。同时，村里对已搬迁的原厂房占地进行规划设计，与旅游业配套，分别建起了休闲茶座与餐饮业用房。

三线入地　2006 年，陆巷投资 1200 万元，拔除核心保护区内主要街巷、河港旁所有电线杆，实施三线（电线、有线电视线、电话线）入地，三线入地总长 2186 米，其中，紫石街 518 米，6 条巷弄 1058 米，3 条港河 610 米。

河道清淤　2010—2016 年，投入 1000 万元，对核心保护区内陆巷港、寒山港、蒋巷港进行全面疏浚，修理破损驳岸 1300 平方米。对村内北望港、朱巷港、严巷港、大河头港、纪革港、白沙港、关庙港进行全面疏浚，河道两边开展绿化工程，配备河道清洁员，做到河道净化，无污染源。

港道清淤

◉ 公共建设

桥路 陆巷境内沿湖有环山公路贯通，交通便捷。环山公路陆巷段（白沙、含山、北望）于 1976 年筑成路基，1979 年 9 月路面竣工，汽车可环山通行。1995 年环山公路拓宽，从岱松村湖边至陆巷码头，路面由原来的 4 米拓宽至 9 米，并浇筑水泥路面。2008 年起，环山公路拓宽延伸至陆巷北望沿湖地段。陆巷境内公路全长 7090 米，宽 10.75 米，均为双车道行驶。新建白沙桥、外婆桥、含山桥、陆巷桥、蒋湾桥、严巷桥、大河桥（原振兴桥）、朱巷桥、北望桥、南望桥 10 座桥梁。

1998 年，含山村投入 15 万元，改造拓宽 4 千米长的村级道路。2000 年，村里修建了 1500 米长的主干水泥路。1999—2000 年，白沙村投入 20 万元将村主要道路铺成水泥路，纪革外婆桥两侧铺上了柏油路。北望村在 20 世纪末修筑了一条长 2380 米、宽 4 米的杨南（杨湾—南望）公路，又集资修筑了长 3780 米、宽 2 米，通向 8 个自然村的街巷道路。至 2016 年，陆巷村内新筑村级道路 28 条，总长 6000 多米。修复了沙岭路、梁家山路、大河头路、大平盘路、店门头路等 30 多条古道，总长 2500 多米。

供电 陆巷村 1974 年通电，1985 年东山电力扩容，分 4 条出线，村内属杨湾线供电。20 世纪 80 年代，村村配备电工，设置村级电房和供电设施。1996 年，农村进行电气化、标准化建设，调整了用电布局，改善了用电设备。1998 年，农村进电网，用电设施和电力由镇供电所统一管理。其间，新增变压器，改造配用线路，设置路灯，村民家家换上新型电子式电能表。1999 年，陆巷村为 1000 米道路安装路灯。在景点沿线，古村重要道路两旁装上仿古路灯 190 盏。2010 年，村里自筹资金 5 万元，在古村周边安装路灯 70 盏，全面实施亮化工程。

通信 邮政电话由东山镇邮电支局负责，村内根据具体地块情况设置户外电话交接箱，由交接箱接入各用户点。有线电视由东山镇广播站机房接入，有线电视入户率 100%，并根据用户使用情况设置有线电视光节点。邮电通信由邮电支局负责。保留、改造陆巷紫石街邮政所，作为古村内邮政服务中心。电信线路由环山公路引入，各线采用同管道不同井的方法，沿各街巷地埋敷设，为古村创造了一个良好的景观环境。

供水排水 1993 年镇里新建自来水厂，取太湖水源，经过滤消毒，用大管道供应镇区及周边农村，并逐步向后山发展。20 世纪末，白沙村打深井 1 眼，深度达 178 米，建自来水池，利用村内山崖泉眼，开发矿化井，村民通上自来水。2002 年，含山村开展接通东山镇水厂供应自来水工程，2003 年工程全部结束。2005 年，北望村通自来水。2009 年，自来水入户率达 100%。

2010 年，建成日处理 1500 吨的沙滩山生活污水处理站，铺设污水处理管网 3000 米。改造房屋内部结构，使用现代卫生设备，农家建化粪池，粪便污水初级净化后，接通街道污水管道。为解决一些村民房屋暂无条件接通污水管道的情况，在主要自然村新建小型污水处理池 350 个。实行雨污分离，生活污水全部得到净化处理。

充分利用河网密布的特点，雨水就近排入河道，雨水排放结合道路铺砌，采用明沟盖板，就近排入水体。完善村内现有的明沟排水系统，及时疏浚沟渠，保证雨水就近排放入河。古村外围太湖沿岸加强绿化，配置公共绿地，植树造林，修整岸线，减少水土流失，改善濒湖地区景观。

卫生保洁 2000 年，卫生工作被列入村委会工作目标，成立由村总支书记为组长的爱国卫生工作领导小组，制定《陆巷村环境整治工作方案》，设立社区巡逻站、社区卫生服务站等日常机构，设专职工作人员 14 名，对全村大街小巷进行保洁。主要路段两侧设置垃圾箱 36 个，垃圾日产日清，清运率达 100%。垃圾收集房实现全封闭，符合卫生要求。定期清理环山公路两侧杂草和沙石杂物。开展村民卫生户评比活动，2003 年开始，每年评出卫生清洁户 120 户，占全村总户数的 65%。2007 年，创建江苏省卫生村，后新建水冲式公厕 4 座，全村改厕率占 99.6%。

◉ 古建筑维修

陆巷村古建筑维修从 2000 年开始，通过上级政府拨款、村级筹资与民资参与三条途径，至 2016 年 12 月，先后修缮了一街、六巷、三座牌坊及惠和堂、遂高堂、会老堂、宝俭堂、怀德堂、鉴山堂、昭仁堂、乐雅堂、王家祠堂、席家祠堂等古建筑，建筑面积 9000 多平方米，修缮经费达 1.2 亿元。

陆巷新貌

修复粉墙黛瓦 古村民居立面改造与屋面修复工程分两期，方式灵活多样。2005 年，村里改造新建外墙 7.5 万平方米，改造农户沿街巷房屋立面 60 余家。2013 年，陆巷结合《苏州市古村落保护条例》规定，经与村民协商后，用宅基地进行置换，对统一收购后的古宅进行修缮，恢复原貌。涉及民国菜场、三有堂、惠和堂西住楼等，建筑面积达 1404.32 平方米。

修复一街六巷 2004—2007 年，完成 500 多米长的紫石街修缮，对街上 1000 多块紫石板进行补损复位，疏浚石板道下的山溪，使涧水终年流淌。全面修缮 6 条古巷，全长 1093 米。其中，对小青砖路面保存较好的文宁巷、旗杆巷、姜家巷开展补损修缮路面工程，对原砖石路面有较大程度损坏的康庄巷、韩家巷、固西巷，采用全石板铺筑，以保持路面风格的统一。

修复古民居

遂高堂 明代建筑，面积 493.9 平方米。2013 年 2 月，吴中区、东山镇共同筹资

古圈门

古巷

古商铺

710 万元，对古宅进行抢救性修复。搬迁了古宅中 6 家住户，对古宅进行全面修缮。历时一年，先后修复了门楼上的砖雕、花边滴水屋檐和皮条脊，以及大厅柱头卷杀、侏儒柱、山雾云。重新安装屏门的下槛、中槛及走马板，西次间与梢间之间隔断的六扇头大门等，使整座古宅完全恢复了明代风貌。

遂高堂修缮前

遂高堂修缮后

会老堂旧墙

会老堂 明代建筑，面积382.5平方米。2003年被邢伟英购置，分3次修缮，至2013年全部恢复原貌，耗资2070多万元。第一次修缮：2004—2005年，耗资420多万元，为抢救性修复，扶正主楼屋架，治灭白蚁，一部分房屋更换木构件。第二次修缮：2005—2006年，耗资710万元，修复主楼梁架、屋面、门窗及恢复庭园曲廊和假山花木。第三次修缮：2007—2013年，投资940万元，更换整座会老堂屋面小青瓦，完善古宅防火、排水系统，恢复室内古物摆设等。

会老堂新貌

维修中的惠和堂

惠和堂住楼维修前后对比图

惠和堂 清代建筑，面积 3000 平方米。2002 年 8 月第一次修缮，镇村共同投资 30 万元，修复大厅后屋檐、前住楼东厢房屋墙面及门窗。2012 年 7 月第二次修缮，吴中区文物管理委员会经上级拨款投资 3200 万元，修复大厅前面的清水砖雕照壁、内屏门、后檐八字库门、前楼厅西半部、楼厅后檐照壁等，同时还修复了天井和备弄。全面修缮后的惠和堂作为王鏊纪念馆，对游人开放。

宝俭堂 清代建筑，面积 2500 多平方米。2001 年被许青冠购置，至 2016 年，共耗资 5080 多万元，分 4 期工程进行修缮，全部恢复原貌。第一期修缮：2001 年 4—10 月，耗资 150 万元，清理杂物、治灭白蚁、搬运修缮材料。第二期修缮：2002—2004 年，耗资 2200 万元，全面修缮中轴线上门屋、住屋、大厅、住楼四进房屋，修缮面积达 700 平方米。第三期修缮：2005—2006 年，耗资 1100 多万元，修缮东花园（梦园），恢复望山亭、圆梦亭、响月廊、元宝池与九曲桥等景观。第四期修缮：2006—2007 年，恢复西花园，面积 600 多平方米，耗资 1630 万元，筑有清风亭、船舫、花厅、揽月楼、养心轩等景观，发掘出东山古代十大名泉之一的松雨泉。

宝俭堂修复前

修复后的宝俭堂明德楼

怀德堂 清代建筑，面积 400 多平方米。夏姓祖传宅第，1989 年被袁卫东购置，至 2005 年，投入 530 万元，先后分 3 次修缮，恢复了沿街门屋、东宅后住楼、丹凤楼及西住楼，并对游人开放。

鉴山堂 明代建筑，面积 101.7 平方米。张姓祖传宅第，因长期空置，房屋严重损坏。2002 年，张氏裔孙从深圳归里，对住楼落架进行修缮，又逐年购置明代木、石构件对门屋、边屋、小花园进行修缮，使鉴山堂基本恢复了原貌，共计投入资金 550 万元。

维修中的鉴山堂

修复庙祠

2000—2016 年，修复沙岭、张巷、朱巷、大河头、纪革、南望猛将堂 6 座，建筑面积 750 平方米。修复王家祠堂、席家支祠、张家祠堂 3 座古祠堂，建筑面积 2200 平方米。

修缮猛将堂 沙岭猛将堂又称“沙岭上天王行宫”，位于白沙纪革村，建于清乾隆年间（1736—1795），面积 120 平方米。1966 年后被移作他用，年久失修，损坏严重。2001 年，白沙、含山村民共同捐资 5 万元修缮梁架、屋面。2006 年，陆巷村筹资 5 万元，修缮墙壁、门间，使之恢复原貌。张巷猛将堂位于陆巷张巷村，清代建筑，80 平方米，部分墙面坍塌。2006—2008 年，由村民捐资 4 万元，翻建屋面，修缮门屋，恢复原貌。朱巷猛将堂，位于含山朱巷村，建于清道光年间（1821—1850），面积 90 平方米。2007 年，村民发起募捐，筹款 3 万元修缮。南望猛将堂，位于陆巷南望村，1925 年重建，面积 130 平方米，房屋破损严重。2004 年，村民捐资 10.5 万元全面修缮庙屋。

修复祠堂 王家祠堂，清代建筑，位于陆巷村紫石街 71 号，建筑面积 139.5 平方米。原为莫厘王氏摆放先祖灵位及存置棺材的族祠，一度被地方上充作米仓与米行，后来又用作生产队丢放杂物的库房。2002 年被苏州张姓商人购买后，耗资 300 万元进行全面修缮。席家支祠，清代建筑，位于陆巷含山 150 号，建筑面积 677.4 平方米。因长期被附近村民借用堆放柴草，年久失修，部分房屋已坍塌。2015—2016 年，席氏宗亲会筹资 180 万元，落架修复了支祠庭院、大厅、前住楼、后住楼及大门前围墙，席家祠堂全部恢复了原貌。

席家支祠落架

维修中的席家支祠

修缮后的席家支祠

附：东山陆巷古村落保护管理暂行办法（部分）

共分总则、保护目标、保护原则、保护范围与措施、核心区建筑整治与保护、规划管理、古村建设的保护措施、环境保护与综合防治、市政工程、罚则、附则等11章、46条。

第二章　保护目标

第一条　保护祖国优秀的历史文化遗产，充分挖掘古村落文化内涵，保护与延续独具特色的反映明、清、民国浓郁江南水乡古村风情和风貌。

第二条　在保护古村落历史文化遗产的前提下，有序更新、改善环境，提高居民生活质量。

第三条　依托太湖，发挥古村落优势，突出古村落特色，充分利用现存的历史、人文资源发展独具特色的水乡古村旅游文化，综合开发旅游资源，推动陆巷村的经济发展。

第三章　保护原则

第一条　以古村落现状及历史遗存为规划的依据，保留其原有的历史发展脉络。

第二条　重视文物古迹的同时，保护构成古村落整体空间的环境和风貌特色。保护建筑群落、人文环境和自然环境。

第三条　处理好保护与更新改造之间的关系；小规模循序渐进，在整体保护的同时，重点保护、恢复和更新主要的特色街巷，促进文化旅游事业的完善发展。

第四章　保护范围与措施

第三条　古村重要地段的整治

1. 古村落重点地段整治规划，主要包括一街六巷沿街建筑立面整治规划，重要历史建筑区域的整治规划、紫石街两端入口广场和中心广场空间的整治规划。

2. 整治规划充分尊重地方文化和历史遗产，保护和发扬传统文化的精髓，树立地方文化的自信与自尊，并以此为基础，振兴地方文化产业。

3. 整治规划将文化旅游业的发展同地方居民的生活水平提高紧密结合，保护开发传统空间，创造文化情境，恢复传统商业的活力，促进良性循环。

第五章　核心区建筑整治与保护

第一条　对四类建筑采取不同的整治措施。

第一类：保持原样。这类建筑根据其完好的程度可分为两小类：(1) 完全保持原样；(2) 略加修缮。

第二类：原有建筑结构不动，局部修缮改造。此类建筑根据其修缮的程度可分为两小类：(1) 利用原有框架，修缮门、窗、屋顶、墙体；(2) 房屋结构不动，门、窗、屋顶、墙体等整修。

第三类：保护建筑形体结构，局部改造。此类建筑根据改造的程度，可分为两小类：(1) 对严重破坏的风貌建筑，恢复其原有的格局，加固结构；(2) 对质量较好但风貌欠佳的建筑，按风貌要求重新设计其外形。

第四类：拆除，按原有风貌设计。

第六章　规划管理

第一条　保护框架规划

1. 保护框架规划制定的目的是在概括陆巷古村风貌特色的基础上，整体地保护古村传统的物质形态和文化内涵。

2. 保护框架构成要素。保护框架由自然环境要素、人工环境要素、人文环境要素三部分组成。

第七章　古村建设的保护措施

第二条　建设控制导则

1. 当建筑南北向布局且北侧为居住建筑时，新建筑与原有建筑在南北向上最小间距不小于1.3倍，南侧建筑檐口高度、间距最窄处不得小于0.5倍。北侧为非居住建筑时，南北向间距不得小于6米。

2. 居住建筑东西布局时，东西向最小间距不小于较高建筑的1.0倍建筑檐高度。建筑为非居住建筑时，东西向间距不得小于6米。

3. 新建筑与原有建筑东西两侧间距在侧面无通道时，间距不小于0.6米。在两侧建筑侧面无窗时，允许紧贴建造。

4. 沿街新建筑应沿街连续建造，以形成连续的街道路面。

5. 原有建筑拆除后，在原址上重建的建筑其基底范围不应超出原建筑的建筑基底界线。

第八章　环境保护与综合防治

第五条　防洪防汛

1. 太湖百年一遇洪水，其水位为 3.14 米，古村落地处山坡上，紫石街标高在 4.1 米左右，极少会发生汛涝。但在汛期山上水量较多，则要完善村内现有的明沟排水系统，及时疏浚沟渠，保证雨水就近排放入河。

2. 古村外围太湖沿岸加强绿化，配置公共绿地，植树造林，修整岸线，除了减少水土流失抵抗汛涝外，还能增加濒湖地区景观。

3. 定期对陆巷村内寒山港、陆巷港、蒋湾港等河道清挖淤泥，疏浚河道障碍物，保证水流通畅及水质。

第九章　市政工程设施

第七条　市政小品设计

1. 市政工程设施在满足功能的要求之外，必须从建筑风格、色彩、尺度等方面与古村的空间环境相一致，保护古村落整体空间环境的传统风貌。

2. 路灯、果皮箱、垃圾收集箱、消火栓、公厕、公用电话、邮箱、指示标牌等应从形式、色彩、风格方面体现古村特色，深化旅游者对古村的印象。设计时应有利于市政设施功能的发挥，不能隐而不露，降低了使用率或无法使用，努力做到功能与形式的统一。

东山镇政府制定，2005 年 6 月 30 日实施

乡村旅游

“万仞青山作画城，一湖烟雨放船行”“武陵何用官经理，不必桃源问政声”。这是清代东山太湖同知朱守和答京师旧友问政绩的诗作。清初翁澍《具区志》“东山十景”中，厘峰积雪、白沙卢橘、化龙飞泉、寒山落照四景都在陆巷。深厚的历史遗存，贯穿了陆巷历史文化的脉络，也留下了“山中无画处处画，湖畔无仙人人仙”的自然景观。经过岁月的磨砺与时代的发展，中外游客慕名而来。2016 年，陆巷古村接待游客 50 万人次，旅游业收入 1200 万元。

◉ 陆巷六景

陆巷古村明清时就为游览胜地，历史上有守溪款月、紫石寻踪、五湖帆影、寒山落照、沙岭春晓、真适耕读、斜日橘林、古巷访幽八景，经过历史和环境变迁，这些景观有幸大多被保存下来。2006 年，苏州东山陆巷古村旅游发展有限公司经过村民与组织游客评选，古今兼容，重定“陆巷六景”。

寒山落照 该景观位于陆巷村北寒谷山上，每至黄昏，夕阳渐下西山，湖中金光波影，形成奇观，古人有“落日西下景无限，波底夕阳似火龙”的佳句。明清时即有游人，清初文学家吴伟业《游寒山》诗云：“侧视峰形转，空苍万象阴。断岩湖数尺，绝涧树千寻。”1987 年经恢复修缮，已成为陆巷景区的主要亮点。

寒山落照

化龙飞泉 该景观位于陆巷与白沙之间，为东山古八景之一，已恢复开放。（参见本志“古村风貌·泉井·化龙泉”）

守溪款月 该景观位于陆巷南入口湖畔，湖岸线曲折自然，形成诸多曲突的湖湾、水港、小溪。明代大学士王鏊致仕归乡后，在这里筑偃月楼、款月滩、拜月桥、栖月岩、赏月湾，常于此处款月吟诗。这些历史景观大多已恢复，晴空之夜，村人与游客大多欢喜在这里赏月。

沙岭春晓 该景观位于陆巷北面，沙岭与白沙山之间的山丘上，古木参天，环境清幽。春日

化龙清溪

守溪款月

沙岭春晓

鸟语花香，盛夏泉水淙淙，仲秋红果点点，冬天温暖如春。有猛将堂、古戏台等景观，是明清村人举办庙会的地方。原有景观大多已恢复，已辟为一处旅游景点。

白沙卢橘　“摘得东山纪革头，金丸满案玉膏流。唐宫荔子夸无赛，恨不江南一骑收。”纪革是陆巷的一个自然村，卢橘是枇杷的古称。清初名士尤侗至纪革品尝白沙枇杷，留下了这首脍炙人口的诗作，于是白沙卢橘名声大振，纪革枇杷成为一处景观。该景观为东山古八景之一，纪革村枇杷园已成为游览品果的佳处。

五湖帆影　该景观在陆巷码头及其西面的太湖水域中。太湖，又有震泽、具区、笠泽、五湖之称，帆影则展示水上渔业景观与渔村风光。陆巷渡口，远眺太湖，天水一色。沙鸟掠水觅食，白鸥追逐渔舟。现每至鱼汛，风帆齐发，形成一景，今至陆巷旅游观光，只要站在村口湖畔就能观赏。

白沙卢橘

五湖帆影

◉ 旅游景点

陆巷古村主要游览景点为一街、二园、三馆、五厅堂，11 个主要景点及紫石街线、寒谷仙境线、守溪街线三条游览线路。一街即紫石街。二园即寒谷山园、绿阶山庄。三馆即社区博物中心馆、东山影视馆、“钻天洞庭”洞庭商帮陈列馆。明清五厅堂即宝俭堂、惠和堂、怀德堂、怀古堂、棋乐仙馆。

紫石街 （参见本志“古村风貌 · 古街格局 · 一街”）

寒谷山园 位于寒谷山上，明末所建，占地 17 亩，北靠嵩山，遥望太湖，离南箭壶岛仅百尺之距。园内仙人石、仙人足、仙人床、仙人椅等古迹及奇观尚存。据说明代王鏊少年时曾在此借月光读书。1988 年上半年重建，按原在灵源寺明王鏊所筑可月堂和其侄王学所建从适园之静观楼的规模式样，重建于园中，又于箭壶岛增建了试箭阁、盘龙廊等

寒谷山试箭阁

寒谷山远眺

景观。2004 年，东山旅游公司再次投入资金，进行修缮与扩建，并于当年对游人开放。

绿阶山庄 位于陆巷村 141 号，粹和堂东面的山坡上，由清嘉庆、道光年间（1796—1850）在广西经营金矿的叶是京所筑。保存有绮霞仙馆、一枝香庐、内拾阶、外拾阶等景观。1929 年农历五月二十日，在吴中访古探幽的名士李根源，由山人居承烈陪同游览了陆巷古村，他在《吴郡西山访古记》中记道："二十日……游叶氏绿阶山庄，依山结构，石磴纡曲，坐一枝庐香，湖气岚光，荡漾帘幕间。阶下，樵李方熟，凌霄正作花，主人叶藩轩君锡蕃，以甓储之枇杷一盘见饷，尽量啖之，芳香可口。余曰：'一枝香庐当易名一盘香炉，相与解。'"

绿阶山庄高约50米，整座山庄分为两个部分，山上是"百尺绿阶""舟居无水""一枝香庐"等园林建筑，山下为厅堂、住楼、花房等群体房屋建筑。山顶园林达 30 亩之广，其景观以自然景色见长。上山石阶多达 300 多级，两侧果木花卉掩映，故得名"绿阶"。入门为一堵古墙，左右各为 12 级青石阶沿，气势不凡，俗称"内拾级"与"外拾级"。园门匾额"绿阶山庄"四个字，为清末状元陆润庠所书。园东面用太湖石堆砌的假山长达百米，半山腰有一艘长 2 米多的石船，旁"舟居无水"四个字为清代名士书麟题。上攀数十步有一亭，曰"一枝香庐"，亭名取自唐代李白"日照香炉生紫烟"之意

绿阶山庄内、外拾级

绿阶山庄瓶形门

境。此处北望太湖，群岛如笠；南眺寒谷山，紫雾飘绕，风景极佳。

“钻天洞庭”洞庭商帮陈列馆　在王家里遂高堂，展馆面积 494 平方米，图文并茂，展示了明清时期洞庭东西山商人的经商活动。陈列馆分洞庭商帮活动区域、主要经商方法、洞庭商帮与上海滩兴起、与众不同的经商特点、洞庭商帮的儒学理念与宗族观念、后裔名人选览 6 大区域，尤其重点介绍了洞庭商人重德尚义的社会责任感、民族自尊感。整座展馆展示了历史上 300 多位洞庭商人的图像、照片与事迹，上百幅创作的图画，再现了历史上位于“中国十大商帮”前茅的洞庭商帮的英姿。在主要展厅里有一幅巨大的沙盘，描绘了昔日洞庭商人在长江里舟楫返运的情景。

“钻天洞庭”洞庭商帮陈列馆

洞庭商帮的风云崛起

陆巷社区博物中心馆

陆巷社区博物中心馆 在陆巷港畔，展馆面积1500平方米。入门有一座大型古村模型，展示了古代陆巷村的风貌和村人的生产与生活画面。大厅与楼上展馆，利用塑像、绘图、照片、文字，全方位展示了陆巷古建筑特色（砖、木、石雕）、民俗台阁、婚俗、猛将会、名优特产（如“太湖三白”、碧螺春、枇杷、杨梅、橘子）、陆巷大族（如叶、王、陆、姜等大族历史及陆巷明清进士、举人）以及古村游览线路等近10个方面的内容。

东山影视馆 又名全国影视指定拍摄景地。在蒋巷港西侧，守溪街入口处，竖着一块醒目的标牌，上书“全国影视指定拍摄景地”十个大字。陆巷村风光秀丽、名胜古迹众多，尤其是2002年作为旅游景点对外开放后，名声远扬，国内影视界纷纷前往陆巷选景拍摄影视镜头，先后拍摄的电影故事片、纪录片、电视片达数十部。东山影视馆中，用图片和文字介绍了1989年以来，在陆巷拍摄过主景的10多部影视剧，其中包括《小城之春》、《摇啊摇，摇到外婆桥》（以下简称《摇》）、《乱世佳人》、《画魂》、《红粉》、《橘子红了》等。1994年10月，由张艺谋执导，巩俐主演的《摇》，在北箭壶岛搭摄影棚开拍，整部影片三分之二的镜头均在陆巷拍摄。由王姬、王志文等主演的电影《小城之春》，在陆巷惠和堂搭建摄影棚拍摄达半年之久。导演李少红执导的电影《橘子红了》，也在陆巷拍摄了许多镜头，展馆中都重点用图片

全国影视指定拍摄景地授牌

全国影视拍摄景地

展示了他们在村中拍摄的过程。

宝俭堂 又称叶梦得故居，位于陆巷蒋湾村，始建于南宋，但历经多次修缮，属清中期建筑，建筑面积 1543 平方米。宝俭堂之宅名，据说源于叶氏“积善积德，节俭修身”之家训。为陆巷开放的五堂之一。该宅现保存有门厅、大厅、后楼、古井等。厅堂前廊后轩，雕梁画栋，极为恢宏。厅前落地长窗上，均用银杏木雕刻有梅兰竹菊等图案，极为精致。大厅正间立柱上端的官帽翅上，镂雕有仙鹤等图案，寓意祖上曾官居一品，故又名官帽厅。明德楼属清中期建筑风格，其楼名取自孔子《大学》中“明为宝，一生用，德从宽厚乃有积”之句。东面为花园，内有观瀑亭、飞虹桥、望山亭、留春亭、圆梦廊、松雨泉等景观。圆梦廊之名源于叶家祖上一则传说，相传北宋英宗治平（1064—1067）年间，吴中叶氏第四代叶助中年无子，心中甚为焦急。一天夜里，叶妻梦见一个火球滚落房中，不久便怀孕，生下一子，取名梦得。后叶梦得官至一品，成为一代名臣，故

宝俭堂

宝俭堂西花园

旧宅中筑有圆梦廊。园内松雨泉为东山古时十大名泉之一。登上望山亭，四周果林葱郁，鸟语花香，远处炊烟袅袅，薄雾笼罩，令人心旷神怡。

惠和堂 又名王鏊宰相府，位于陆巷王家里花翎巷西侧，由清道光年间（1821—1850）叶是京所建，1986 年被公布为吴县文物保护单位。

该堂是东山规模最大、保存最完好的一幢古宅，建筑面积 2043 平方米。共有三路线建筑，在中轴线上有照墙、门厅、大厅、前住楼、后住楼和后花园等主体建筑；西路线上有门屋、备弄、花厅、书楼和多间附房；东路线上建有备弄、小客厅、厢房、厢楼和多间厨房。西侧书楼，又名王鏊读书楼，是原王氏静观楼的一部分，属明代建筑。书楼南面高耸的封火墙下，雕有九只非狮非虎的怪兽，称“九狮图”，是明代砖雕中的精品。清道光年间（1821—1850）叶氏购买王家老宅建造惠和堂，这幢明代书楼便被保存下来。

王鏊曾任“明四子”的老师，据说唐寅在西楼（王鏊读书楼）作过画，祝允明在相府睡过一晚，文徵明在书房与先生探讨过诗文，故现王鏊纪念馆的惠和堂中，有展现唐伯虎相亲、祝枝山“一晚元”、文徵明拜师等内容的专馆。“唐寅相亲馆”中塑有两尊同真人无异的蜡像，一表人才的唐伯虎含情脉脉、斯斯文文，王府千金半遮粉黛，羞羞答答，状似谈情说爱。

惠和堂大厅

惠和堂王鏊读书楼

惠和堂马头墙

美国学生参观惠和堂

近现代惠和堂出将军、教授 20 多人，有民国南京空军部队中将叶云乔，上海医科大学教授、博士生导师叶衍庆，山西医科大学教授、公共卫生教育家叶衍增，上海音乐学院教授、古谱学家叶栋，长春电影制片厂电影表演艺术家叶琳琅等。惠和堂曾拍摄过 20 多部有影响力的影视剧，2002 年被辟为王鏊纪念馆对外开放。

怀德堂 在陆巷紫石街北，王家祠堂斜对面，建于清代，建筑面积 149 平方米，1986 年被公布为吴县文物保护单位，属古村开放的五堂之一。原为王姓祖传宅第，一说为陆巷莫厘王氏自明正德年间（1506—1521）王鏊入阁后，世受朝廷俸禄，后裔受祖德庇佑，寓怀德之意，遂建其堂。另一说为陆巷叶、王两家世为姻亲，清中期叶家筑惠和、粹和两堂，把多余建筑材料送与王家建此宅。怀德堂由家麟堂、丹凤楼和揖峰园组成。家麟堂现存门屋和圆堂两进。因该堂正好位于紫石街与韩家巷交叉路口，东西山墙建成对称的马鞍形，古色古香，美观大方。宅内保存有不少明清古物，典藏丰富，积淀厚重。入门，门槛下有一口暗井，其历史较建筑还早。旧时东山大户人家，水井大多开在宅内或院中，这是因水寓意为流动之财，汇四方之水，才能积八方之财的缘由。

怀德堂门屋临街而筑，为进入陆巷紫石街的必经之道，辟有陆巷特色小吃店，供应陆巷臭卤豆腐、怀德堂桂花赤豆小圆子、太湖虾仁馄饨、王家私房点心等小吃。

怀德堂

怀德堂庭园

怀古堂 位于陆巷紫石街 71 号，建于清代中期，建筑面积 135 平方米，1986 年被列为吴县文物保护单位，属陆巷向游人开放的五堂之一。原为莫厘王氏摆放先祖灵位及存置棺材的族祠。保存有门屋、大厅、回廊、住楼等，构造同阳宅相似。其中大厅是存放族中亡者棺木的地方，取名为“聚仙厅”。王家祠堂门前即为明代紫石街，东侧为明会元牌楼，前为玉带泉明代古井，左前方为民国小菜场，形成一组古色古香的游览景观。

怀古堂大门

怀古堂粒园

棋乐仙馆 位于文宁巷北侧，建于清朝晚期，建筑面积258平方米，1986年被公布为吴县文物保护单位，属古村开放的五堂之一。棋乐仙馆是粹和堂的一部分，面阔三间，上下两层，前廊后轩，略带西洋色彩。门楼西向，楼前有高耸的照墙，可自成一宅院。门楼上清水砖雕精致而清晰，雕刻有三组《三国演义》人物故事，分别为“孔明借箭”“火烧赤壁”“空城计”，砖雕丝毫无损，保存极为完整，尤其是“赤壁大战”中的周瑜，音容笑貌，栩栩如生，极为逼真。该楼外廊上沿口用磨光细砖贴面，下设回纹挂落，装饰甚为精致，为棋乐仙馆一大特色。廊轩前有庭院，小院内堆假山，植花木。粹和堂旁为花翎巷，长约两百米。据说叶是京祖上世代做官，家中有拱斗，恭奉着皇帝钦赐的花翎，故叶家建宅起名花翎巷，意为示其族中世代为官者之多。

附：在陆巷拍摄的影视片

陆巷村位于后山太湖边，风光秀丽、名胜古迹众多，从20世纪40年代起就有电影在此处取景，尤其是2002年陆巷作为旅游景点对外开放后，名声远扬，国内影视界纷纷到陆巷选景拍摄影视剧，先后拍摄的电影故事片、纪录片、电视剧有20多部。

1947年，由蔡楚生、郑君里任编剧、执导的电影《一江春水向东流》在陆巷拍摄了部分镜头。片中主要演员吴茵、陶金、白杨、舒绣文等都到过陆巷。

1989年11月20—29日，苏州电视台到东山拍摄东山风光片《碧水青山总是情》，陆巷古村摄入部分镜头。

1990年5月，上海电视台到东山拍摄专题片《姑苏东山美》，该部专题片由上海电视台著名节目主持人叶惠贤执导，陆巷摄入部分镜头。

1994年7月，中央电视台至东山拍摄《天堂中的天堂》苏州东山镇专题片，并在央视《神州风采》栏目中播放，陆巷古村摄入部分镜头。

1994年10月，上海电影制片厂《摇啊摇，摇到外婆桥》影片在陆巷北箭壶岛搭建摄影棚开拍，整部影片三分之二的镜头在陆巷拍摄。该片由张艺谋执导，巩俐主演，在国际上多次获奖。

1997年，电视剧《新乱世佳人》在陆巷拍摄了部分外景，该剧由范小天、马中骏执导，田妞、陈良平、汤镇宗主演。

电影《小城之春》海报

电影《摇啊摇，摇到外婆桥》海报

1998 年 9 月，由南京电影制片厂和江苏电视台等单位联合摄制，徐耿执导的故事片《草房子》在陆巷村北箭壶岛开拍，主演曹丹、杜源、吴琴琴等。

2002 年，由田壮壮执导，胡靖钒、吴军、辛柏青等主演的电影《小城之春》在陆巷开拍，并在惠和堂搭建摄影棚拍摄达半年之久。

2003 年，反映著名旅法画家潘玉良的电视剧《画魂》在东山陆巷惠和堂与雕花楼开拍，李嘉欣饰演潘玉良。2003 年播出的由李大为执导，陈坤、董洁、刘亦菲等主演的电视剧《金粉世家》，在陆巷拍摄了部分镜头。

2004 年，上海文广新闻传媒集团出版的电视剧《原来就是你》至陆巷村拍摄，该片由朱翊执导，刘涛、叶童、陈司翰等主演。同年，电视剧《首富》在陆巷拍摄部分外景，该剧由杨润东执导，元亮、罗珊珊、许还山主演。

2005 年，在陆巷拍摄的影视剧有《大清徽商》，该片由李小龙执导，任泉、金素妍、刘恺威等主演。电视剧《凤穿牡丹》，由曾丽珍执导，李小冉、李子雄、谭凯等主演。2005 年播出的电视剧《代号 021》在陆巷取景，该片由包福明执导，黄海冰、程煜、王一楠等主演。2005 年播出的电视剧《风吹云动星不动》在陆巷古村拍摄外景，该剧由刘心刚执导，黄觉、杨恭如、李小璐等主演。

2006 年，在陆巷拍摄的影视剧有《明德绣庄》，由包福明执导，何赛飞、徐露、朱铁等主演；《善良背后》，由王小康执导，保剑锋、文江、陈紫函、马苏等主演；《追杀横路靖六》，由谢晓梅执导，刘金山、李琦、梁天等主演；《茉莉花》，由沈涛执导，陈道明、陶虹、李宗翰等主演。

2007 年，由范小天、王永执导的电视剧《红粉》在陆巷拍摄了部分外景。该剧由张智霖、郭可盈、陶泽如等主演。10 月，由李少红执导的电视剧《橘子红了》在陆巷拍摄了许多镜头，该剧由周迅、黄磊、寇世勋、归亚蕾等主演。

2008 年 8 月，第一部关于大闸蟹题材的电影《蟹蟹侬》在东山拍摄，陆巷古村摄入部分镜头。

电视剧《橘子红了》剧照

◉ 旅游线路

“弄弄相通巷相连，不信前头无路行”。陆巷古村旅游线路大多掩映在橘林中，古巷、古弄、古港两旁植满了果树花木，常给游人一种“巷尽山阻疑无路，转过小弄又一村”之感。主要游线有：

紫石街线 以陆巷牌楼为起点，沿陆巷港南行，可游古村浜场—陆巷社区博物中心馆—王家祠堂—紫石街—民国小菜场—怀德堂—惠和堂—粹和堂—“钻天洞庭”洞庭商帮陈列馆—叶梦得故居，全长 1000 米。

寒谷仙境线 以陆巷停车场为起点东行，可游寒谷渡—陆巷书院—寒山庵—仙人石—可月堂—试箭阁—“寒山落照”景观，全长 500 米。

守溪街线 以陆巷嵩下站为起点南行，可游明代古桥—荷花古池—守溪街—全国影视拍摄景地—陆巷影视馆—嵩下古村等，全长 800 米。

◉ 旅游服务

游客服务中心 位于陆巷古村景区北大门停车场，面积 80 多平方米。辟有游客休息室、医疗服务站、公厕、陆巷古村各景点与游览路线介绍，配套有兼职医务工作人员 2 名。

民宿客栈

全村有民宿、客栈、农家乐 63 家，主要集中在陆巷古村景区及沿环山公路嵩下、严芒、山趾等村。其中，位于陆巷古村景区 35 家，周边 28 家。最早的民宿是宝俭堂民宿，建于 2008 年，规模最大的农家乐是太湖第一湾。

太湖第一湾 在陆巷村口太湖畔，为园林式酒店，主要以供应“太湖三白”（银鱼、白鱼、白虾）等湖鲜为主。房间临水而建，可观赏太湖风光。

宝俭堂民宿 在陆巷康庄巷南，为园林式酒店。特色菜肴有太湖熏鱼、水晶虾仁炒蛋、红汁灵芝野鸭、人参炖乳鸽、相府秘制东坡肉、自制卤水豆腐及丞相养生糕、糯米荷藕等特色菜肴、点心等，并可提供宝俭堂特制保健酒供游客品尝。

五湖帆影

会老堂民宿　在陆巷惠头村，特色菜肴有枇杷酿三白、古法烧湖鳗、翠玉金汤鱼脯等，其中枇杷酿三白最有名。

守溪食府　在陆巷守溪街，呈街坊式，至此可品尝传统秘方酿制的“守溪山酒”。

金元堂民宿　在陆巷古村，为传统民居。特色菜为以太湖莼菜为主的银鱼莼菜羹、豆腐莼菜羹、虾仁莼菜汤等。

停车场　2016 年 12 月，陆巷村已建有大小停车场 17 个，面积 13886 平方米，可停车 1670 辆。

陆巷古村景区第一停车场，位于古村景区北大门，面积 2664 平方米，可停车 100 辆；第二停车场，位于古村景区东大门，面积 2664 平方米，可停车 80 辆；第三停车场，位于古村景区东侧陆巷港旁，面积 1998 平方米，可停车 80 辆；第四停车场，位于古村景区南大门嵩下村，面积 2664 平方米，可停车 80 辆。北大门停车场沿湖开辟了太湖休闲观光风景带，点缀花木，配置廊棚座椅，建造休闲茶亭。

此外，陆巷村还建有白沙头图、二图、十六图、纪革、嵩下、朱巷、大河头、王舍、北望、岭下等 13 个停车场，面积 3896 平方米，可停车 1330 辆。

陆巷夜景

名优特产

陆巷村自然条件优越，名优特产丰富，所产碧螺春茶叶及白沙枇杷、洞庭红橘、乌紫杨梅、水晶石榴、白蒲枣等水果，以及“太湖三白”、湖蟹、莼菜、莲藕、菱角等均享有盛誉，闻名中外。乡味美食咸馅团子、白玉方糕、桂花赤豆小圆子、清蒸白鱼、银鱼莼菜羹、枇杷酿三白等也非常有名。2016年，茶园及枇杷、杨梅、柑橘等主要果树面积达1.19万亩，总产量4756吨。

茶园

◉ 茶果

碧螺春茶 中国十大名茶之一，因产于太湖洞庭东、西山，又称洞庭碧螺春，2006年东山镇被誉为中国碧螺春之乡。2010年，碧螺春茶制作技艺被列入国家级非物质文化遗产名录。碧螺春于每年农历三月的清明前后开始采摘，至谷雨后结束。谷雨后采制的茶叶称炒青。

陆巷村为洞庭碧螺春重要的产地，其复杂、精细而古老的传统制茶工艺源于汉朝。秦末汉初，有四大臣因不满秦之苛政，遁隐于河南商山称“商山四皓”，后四人又隐于太湖洞庭西山，发明了仙苔茶制作工艺。该茶宋代传入洞庭山水月庵，名水月茶，被列为贡茶。清初称“吓煞人香”茶，后来更名碧螺春还有一段典故。相传清初的一年春

黎明采茶

美国学生采茶

天，采茶时适逢下雨，茶姑们怕嫩茶叶被雨水淋湿，就把青茶藏入怀中。茶的嫩芽遇到少女的体温，发出一阵阵奇异的清香，人们惊呼："吓煞人香！"清代举人、侍讲学士梁同书《碧螺春》诗曰："此茶自昔知者稀，精气不关火焙足。蛾眉十五采摘时，一抹酥胸蒸绿玉。纤褂不惜春雨干，满盏真成乳花馥。"根据清王应奎《柳南随笔》记载，清康熙三十八年（1699），康熙第三次南巡太湖，巡抚宋荦从当地茶师朱元正处购得"吓

拣茶

炒茶

碧螺春茶

中国名茶之乡铜牌

煞人香”进贡，康熙因其名不佳，以此茶绿如碧，制后蜷曲似螺，又值春天采摘，及其产地在碧螺峰，赐名为“碧螺春”。一千多年来茶名虽多变，但其制作工艺仍沿袭千年老传统。

碧螺春茶的采制过程极为复杂，所以又称工艺茶，每斤干茶由 5 万 ~ 6 万个嫩芽制成，需经过采摘、拣剔、杀青、揉捻成形、搓团显毫、文火干燥、起锅 7 道工序。每采制一斤精品碧螺春茶，要 10 位茶娘采摘、拣剔一整天，4 名壮汉配上助手炒制 1 小时，故又有“工夫茶”之称。旧时陆巷大户人家，常把碧螺春嫩芽放入透明的玻璃杯中冲泡后，摆在堂屋天然几上欣赏。

碧螺春天生丽质，数百年形成的碧螺春茶道，其内涵极为丰富。一嫩三鲜，即茶芽嫩，颜色鲜、汤色鲜、味道鲜，是洞庭碧螺春茶的品质。茶道有高山流水、碧螺下海、雪花飞舞、白浪喷珠、凤凰三点头、翠云浮动、春染海底、闻香通关、润喉畅气及提神生津 10 道。

碧螺春茶沏后能保持清香，储存方式十分重要。在古代，炒茶结束后，趁铁锅尚有余温，把碧螺春干茶摊放在牛皮纸上，然后放入锅中，借茶锅中的余温把茶叶的剩余水分烤尽，藏入锡罐里，长期保存。近年来，茶农经过多方实践，总结出了三种保存碧螺春茶行之有效的方法，即生石灰白纸吸湿法、木炭吸湿法、冰箱冷却法。

碧螺春沏茶还有先倒开水，后放入茶叶的特殊程序。水壶口以 45° 角斜对杯中，离杯口 12 ~ 15 厘米注入 80℃的开水，约七成满即可，然后掺入茶叶，蜷曲成螺的嫩芽即刻沉入杯底，缓缓伸展，汤色碧绿，茶香扑鼻，品一口，涩中带甘，回味无穷。

中华人民共和国成立前，陆巷村碧螺春产量稀少，至 20 世纪 80 年代初，年产量

2006 年苏州·吴中洞庭（山）碧螺春茶文化旅游节

一直在 1750 千克左右。改革开放给茶山带来无限生机，茶园面积和产量逐年增加。2016 年，陆巷村碧螺春茶园面积达 5000 亩，年产茶叶（碧螺春、炒青）5 万千克。

白沙枇杷

白沙枇杷　枇杷是陆巷的传统名品，每年初夏小满时节成熟采收，有“小满枇杷黄”之农谚。枇杷的栽种历史很悠久，明王世懋《学圃杂疏》就有“枇杷出东洞庭者大”的记载。枇杷古名“卢橘”，清初《东山十景》中有“白沙卢橘”之景观，后因其树叶似琵琶而名。清代早期，陆巷白沙纪革村的枇杷已负盛名，清《太湖备考》上载有清代名士尤桐“摘得东山纪革头，金丸满案玉膏流”的名诗。

采枇杷

陆巷枇杷有“白沙”与“红沙”两大品系。其中以白沙为主，其品种有白玉、照种、青种、小白沙、早黄白沙、灰种、大种、鸡蛋白、细种、铜皮、葛家坞荸荠种等。红沙有鸡蛋红、圆种红沙、红沙牛奶种、小红沙、浪罐头、鹰爪红沙等品种。照种是陆巷枇杷的传统优良品种，因清末时于东山槎湾贺照山培育而成，故名照种。按品系又可分为短柄照种、长柄照种、鹰爪照种 3 个品系，其特点是果形大、果肉厚而洁白，且早熟，在历史上该品种栽种占全村果树栽种的 90% 以上。

20 世纪 90 年代，东山白玉枇杷问世，其抗逆能力强，树势生长旺，果大、早熟、肉白鲜嫩。1995 年，吴县果树研究所高级农艺师章鹤寿从陆巷白沙果品基地实生枇杷品种中选育出了更优质的冠玉枇杷。该类品种果型大，每只均重 0.05 千克，最重达 0.07 千克，味甜润，成熟期较照种早 5 天，截至 2016 年陆巷村果农中已有大量栽种。2016 年，陆巷村枇杷种植面积 5100 亩，产量 125 万千克，每千克价格 12.5 元左右，村中产量最高的农户年采枇杷 2000 千克，收入 10 万元。截至 2016 年，枇杷已成为村内第一大果品。

乌紫杨梅 “夏至杨梅满山红”，杨梅每年农历五月中旬采收，成熟后呈乌紫色，故称乌紫杨梅。杨梅在陆巷原为半野生状态，明代时被人工栽培利用。历史上曾大量栽种，但发展远没有柑橘、枇杷等经济价值较高的果树快。2000 年起，柑橘价格下跌，而每千克杨梅的价格从 10 元上升到 20 ~ 30 元。因而杨梅得以在村西部北望平缓山地大量栽种，产量超过柑橘、枣等果品。陆巷杨梅主要品种有大叶细蒂、小叶细蒂、乌梅种、石家种、大核头早红、黄泥掌、树叶种、蚂蚁种等近 10 个品种，其中以大、小叶细蒂为主，占总产量的 90% 以上。

杨梅

杨梅生长需特殊的自然环境，一般栽种在海拔 100 米以上的山丘沙土上，耐寒耐瘠、少病虫害，不需施肥亦能大量结果。杨梅的成熟季节一般为 6 月中下旬至 7 月上旬，该季节非雨即热，采摘只有 10 天时间，被誉为“强盗花息”（意为同强盗争抢），果农们采摘极为辛劳。

杨梅含有丰富的果汁、果糖、果酸，鲜食能生津解渴，且帮助消化。但不易存放，一般当天采摘当天鲜食最佳。陆巷杨梅成熟后色泽乌紫，人见人爱，畅销上海、苏州、无锡等大中城市。用杨梅制成的果脯、果酒则远销北京、南京、无锡等地。杨梅还有

“龙眼”之称，用杨梅浸酒是治疗痢疾的良药。每年杨梅采收后，村民都会浸上多瓶杨梅酒，赠送亲朋好友，极受欢迎。

1978 年，陆巷（含山、白沙、北望）产杨梅 80900 千克，2010 年为 40 万千克。2016 年，种植面积达 1000 亩，年产 50 万千克，成为村中仅次于枇杷产量的第二大果品。每千克杨梅价格在 7.5 元左右，但因采收时近梅雨季节，受气候影响果实成熟后常被风雨吹落，经济收入远没有枇杷稳定。

白蒲枣 陆巷村盛产枣，每年农历七月中旬采收，品种有白蒲枣、秤砣枣、赤枣、水团枣、灵芝枣等六七个品种，以白蒲枣（又名白露酥）最为上品。清乾隆《太湖备考》载："枣最佳者名‘白露酥’，出东山后山。”此枣至白露成熟，故名，《本草纲目》作“撲落酥”。陆巷枣树主要分布在寒山、白沙、山趾村一带，现百年老树很多。据史料记载，1956 年东山枣树面积有 228 亩，年产枣 118000 千克，主要产自陆巷白沙、寒山等村。白蒲枣宜加工成蜜枣，尤其是金丝蜜枣为外贸出口佳品。枣树开花时人易困乏，有“枣子花开，睁眼不开”之农谚，细长而挂帘似的枣花，是蜜蜂的最爱，陆巷酿出的枣花蜜品质较高。

采枣

因枣产量较低，经济价值也不及枇杷、杨梅、红橘等果品，陆巷村枣树种植面积与产量逐年下滑。1989 年为 34500 千克，2003 年为 4500 千克，2016 年下降至 2250 千克，每千克 2.5 元左右。锐减主要原因是枣产量、价格均较低，一株百年老树结枣最多 25 千克，每千克 2.5 元左右，远低于枇杷的价格，所以大批枣园改种枇杷。

银杏 银杏树又叫鸭脚树、公孙树，意即祖父栽种，孙儿才能收获。每年白露过后银杏即可成熟采收。陆巷村是东山银杏的重要产地，现村中树龄百年以上的银杏树较多，东山最古老的 2000 年以上树龄的银杏树就在陆巷北望村。银杏树被中国植物界称作“活化石”，属雌雄异枝开花授粉结果。在东山有一则传说，当年七仙女被王母强行召回天庭后，又寻机逃了出来，因天兵天将追得紧，便降落至地上摇身变成了一棵枝叶茂盛的银杏树。董永见妻子变成了树木，失声痛哭，一头撞向大树。随后，那株银杏树从根部长出一枝枝杈来，不过开出的花是雄花。现在每至银杏花开，像火柴棒一样的雌

银杏

采收银杏

花蕊里，总有一小粒晶莹的水珠，据说这是七仙女的眼泪。银杏去皮后称白果。陆巷有一种大佛手白果壳薄、浆足、仁满，香中带甜，为陆巷村最上乘的白果。除大佛手外，陆巷银杏还有小佛手、洞庭皇、大圆珠、小圆珠，其品质亦佳。

银杏树因生长缓慢，产量一直不高。1978 年，陆巷村（即含山、白沙、北望）银杏种植面积为 43 亩，年产量 6900 千克。1990 年，白果因大量出口外贸导致价格上升，1996 年每千克达 30 元，当年产白果 3.3 万千克。2000 年以后，白果价格逐年下滑，2016 年为每千克 4 元，年产量又回落到 5000 千克左右。

水晶石榴 石榴是陆巷的传统名果，成熟后果皮呈水晶色，故名水晶石榴。每年农历八月中下旬采收，有“寒露三朝采石榴”的农谚，主要分布在陆巷村的白沙纪革一带。东山石榴栽种始于明代，因其除果实可食用外，果皮又可作为土布染料及入药，清朝时得以大量发展，民国初产量达 7 万千克。据中国科学院南京中山植物园 1960 年编著的《太湖洞庭山的果树》一书载：“1955 年洞庭山石榴面积约 800 亩，年产 4740 担，东山最多，75% 以上产于陆巷村的白沙纪革一带。”

石榴

石榴一般农历四五月开花，色泽鲜艳，甚为吉祥，旧时东山大户人家园内均种有石榴，寓意多子多孙。陆巷石榴品种很多，有小种、大红种、水晶石榴、老油头、铜皮、虎皮等七八个品种，其中以水晶石榴为优。水晶石榴果形大，果皮为黄白色，带红晕，皮薄且光滑，籽粒色泽有白水晶、粉红水晶品系。陆巷村栽种以水晶石榴为主，2000年以来不少果农在老树上高位嫁接引进的日本石榴新品，每只石榴可重0.5千克以上，大的可达1千克左右。2016年，陆巷石榴产量达1500千克，每千克2元左右，受到游客欢迎。

洞庭红橘 柑橘是陆巷村的传统果品，因其橘皮色红艳，历史上统称洞庭红，以早红、料红为主，他橘次之。每年农历十月采收，农谚云："洞庭橘红霜降边"。洞庭红橘在历史上极为著名，被列为贡品。白居易任苏州刺史时，每年都要亲赴洞庭山精拣贡橘进献朝廷，所作《拣贡橘书情》诗云："洞庭贡橘拣宜精，太守勤王请自行。珠颗形容随日长，琼浆气味得霜成。登山敢惜驽骀力，望阙难伸蝼蚁情。疏贱无由亲跪献，愿凭朱实表丹诚。"据说唐太宗李世民每年除夕都用洞庭红橘恩赐有功的文臣武将，以示吉祥。

至20世纪50年代初，陆巷村一直是东山柑橘主产区。1957年11月，江苏省山区栽果技术交流大会在吴县召开，会议期间与会代表至东山参观了和平生产合作社（现陆巷含山、白沙村）管理的橘园。1979年，国家农委、科委确定吴县为农业现代化综合科学实验基地，以战斗（白沙）、红旗（含山）等大队为东山柑橘生产现代化实验基点。从20世纪50年代起，陆巷村柑橘经历了3个不同时期的品种

橘林

洞庭甜橙

更新换代。第一时期是 50 年代至 80 年代，为发展阶段，主要以当地早红、料红橘为主；第二时期是 80 年代末至 90 年代初，为全盛时期，当地品系柑橘种植面逐步减少，浙江无核蜜橘兴起，特别是早熟品种温州蜜柑，1994 年占橘子种植总面积的 1/3，占柑橘总产量的 1/2；第三个时期是 90 年代后期，柑橘高接换种技术大量推广，并引进美国脐橙、日本天草等国外柑橘新品，具有当地特色的料红橘基本上都高接了无核蜜橘，属改良品种。

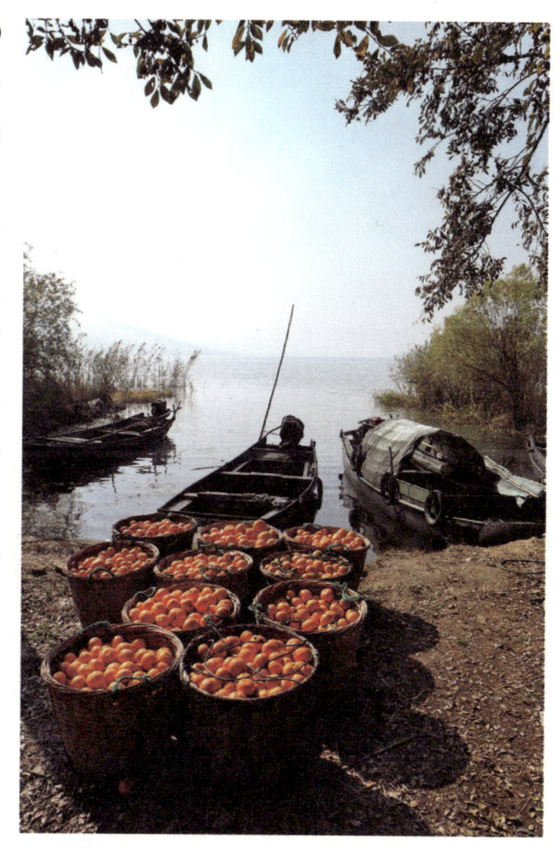
洞庭红橘

1978 年，陆巷村柑橘面积 1636 亩，年产柑橘 16150 千克，占东山全镇柑橘总产量的 49.8%。2003 年柑橘总产量 440 万千克，2016 年种植面积降至 800 亩，总产量 15 万千克。锐减原因主要是橘子价格偏低，1985 年每千克橘子 0.4 ～ 0.5 元，2000 年为每千克 0.25 元，2016 年为每千克 0.15 元，果农采摘一天的橘子的收入还不如外出一天务工的工资。因市场经济的杠杆作用，从 2010 年起，陆巷农业产品结构调整，大批橘地改种枇杷、杨梅等经济价值较高的果树。

◉ 湖鲜

陆巷村紧靠太湖，水产资源丰富，湖中鱼类等水产品多达 30 多种，最负盛名的有“太湖三白”及青虾、湖蟹、莼菜、莲藕、菱角等名品。

太湖银鱼 色泽似银，细嫩透明，又柔若无骨，与梅鲚鱼、白虾合称“太湖三宝”，又同白鱼、白虾合称“太湖三白”。每年农历三月上旬，清明过后捕捞。

太湖银鱼

民间传说银鱼是美女西施所变。东周末年，越灭吴后，西施被越兵加害沉入太湖，时有一群小鱼游来，西施便变成了洁白的银鱼，在吴越两国交界的太湖里，即夫家与娘家之间漫游。每年清明过后约一周，太湖中会突然冒出万千条银鱼来，而半月后，便会消失得无影无踪。太湖银鱼于清康熙年间（1662—1722）被列为贡品，品种有大银鱼、雷氏银鱼、太湖短吻银鱼和寡齿短吻银鱼 4 种，肉质肥嫩鲜美，含丰富的蛋白质、多种维生素与其他营养成分。太湖银鱼上市刚好枇杷成熟，有“洞庭枇杷黄，太湖银鱼肥”之谚语。每至清明前后，陆巷港口，渔帆竞发，入湖捕捞银鱼，成为陆巷六景中的“太湖远帆”一景。

太湖白虾 俗称“水晶虾”，又有太湖“白娘子”之称。每年农历五月中旬，杨梅采收、虾腺成熟时捕捞。白虾壳薄，通体透明，晶莹如玉，但生命娇弱，离水即死。生活习性为白天潜入水底，夜间浮游上湖面，喜光亮。活虾秀丽，死后通体变白。据传古太湖腥秽不堪，鱼虾水族也遭污染而混浊。天庭玉帝准太湖龙王之奏，倾天河之水荡涤太湖污泥浊水，虾族从中受到洗礼，浑浊之体变得晶莹透明，成为湖中佼佼者。白虾营养丰富，虾肉中富含蛋白质、脂肪及钙、磷、铁等多种营养成分。每年

太湖白虾

6 — 7 月间，白虾性腺成熟，雌虾腹部多虾籽，为捕捞佳季。陆巷渔民传统捕捉白虾方法独特，为砍青松数捆，在湖中用松须与网具摆成虾浮松龙门阵，每日可捕捉到大量白虾。

太湖白鱼　又名太湖银刀，农历九月初太湖开捕时捕捞。白鱼全身洁白，银光闪闪，体狭长侧扁，口上翘，故俗名“翘嘴白鱼”。该鱼细鳞细骨，肉质洁白、细嫩，鳞下脂肪多，酷似鲥鱼，味可与江南四鳃鲈媲美，唐朝时入朝为贡品。据说明末清初，清兵攻入太湖，有个叫张大的义军在太湖里与清兵激战。清兵善射箭，但不善用刀，一箭射中了张大的右手，张大手持的大刀掉到了水中。张大从水中捞起刀来率众与清兵近身肉搏，等杀退清兵，一看手里握的竟是一条白鱼，故该鱼得名“太湖银刀”。白鱼属名贵鱼类，其习性是起水即死，蒸熟后眼睛突出，鱼眼越突起越新鲜。每至鱼汛，陆巷村渔民从陆巷港口扬帆入湖捕捞。

太湖白鱼

太湖蟹　亦称太湖大闸蟹，农谚云：“西风响，蟹脚痒”，每年农历十月蟹性腺成熟，最为美味。其背壳坚隆，凹纹似虎皮，腹青白色，腹下有脐，雄尖雌团，内有硬毛。蜕壳而长，秋后肥壮。陆巷湖畔原沟渠中多太湖蟹，秋后湖畔随处可捉。20 世纪 60 年代，江苏省水产部门曾在太湖中人工放养蟹苗，获得成功。90 年代开始在太湖中围网养蟹，很有收获，陆巷近处湖面，亦有人工网箱养蟹。秋季捕捉，以“九雌十雄”为最佳。

太湖蟹

太湖青虾　壳青中透亮，故名青虾，农历十一月捕捞上市。青虾生命力强，捕后还可水养，数日不死，易备鲜用。青虾煮盐水虾味道最鲜美，色红艳，亦可油爆或制作“呛虾”，味亦佳。鲜食多挤虾仁，能制成虾圆、炒虾仁、虾仁汤等。虾籽味鲜美，制成虾籽酱油为上等调味品。陆巷村渔农除捕捞太湖青虾外，亦有内塘养殖，在鱼池中与鱼类混养青虾，其质亦优，与太湖青虾齐名。

太湖青虾

太湖莼菜

太湖莼菜 又称冰芽、水菜或水葵，因产于太湖，故名曰太湖莼菜。清明过后采摘，称春莼菜，秋分以后采摘的称秋莼菜。吴中食莼的历史可追溯到晋朝，历史上有“莼鲈之思”的典故，传说苏州人张翰在晋朝作高官，因思念家乡莼菜鲈鱼的美味，辞官返乡。东山食莼始于明代，清乾隆《太湖备考》载，太湖采莼自明万历年间（1563—1620）邹舜五开始采摘并食用，清帝康熙南巡至太湖东山，邹舜五孙邹弘志种莼四缸，作《贡莼》诗二十首并家藏《采莼图》献于康熙，使太湖莼菜声名鹊起。莼菜性喜温暖，营养丰富，茎叶中含有大量维生素C，有补血、润肺、健胃、止泻等效。最宜煮汤，色、香、味俱佳，被誉为江南名菜，畅销海外。陆巷湖畔沼泽湖滨浅水区大量生长。

太湖莲藕 陆巷湖畔浅滩沼泽宜种莲藕，生长较多。夏季赏荷花，农历六月采摘莲蓬，秋天收获秋藕，第二年春天挖取春藕。太湖秋藕宜鲜食，体粗圆，色洁白，质地细嫩，入口鲜甜、脆嫩，有“江南鸭梨”之誉。春藕宜熟食或加工成糯米焐熟藕、藕粉。近年来，陆巷村旅游业兴起，沿湖荷塘大量发展种植莲藕，产量也不断增加。嫩藕红菱与糯米焐熟藕已成为民宿饭店餐桌上的名菜。

太湖菱 秋季采摘，有野生与人工种植两种。陆巷菱角品种较多，有元宝菱（俗称腰菱）、四角菱、圆角菱、红菱、沙角菱等。太湖种菱历史极为悠久，早在春秋时，陆巷东面之菱湖，即为吴王种菱及携西施采菱处，得名菱湖。太湖菱生吃鲜嫩脆甜，熟食糯香可口。在陆巷湖畔有大量野生菱塘，秋天采收后当地村民在村口叫卖，成为一道风景线。

太湖藕

太湖菱

◉ 乡味美食

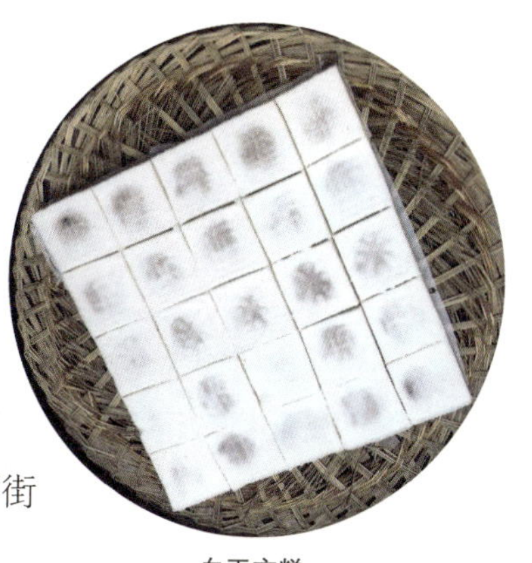
白玉方糕

白玉方糕 陆巷紫石街特产，制作材料主要是粳米粉、糯米粉、白砂糖和红豆。两种米粉按照一定的比例调配，把粉筛到模具里，用毛刷刷匀，再用工具分块。每块中间填充红豆沙馅，然后再铺一层米粉，内馅、外皮铺好后，在上面压上特色的花纹，盖蒸10分钟即可。该糕特点是松、香、软、糯、甜，紫石街上一年四季均有售。

猪油糕 陆巷猪油糕制作历史悠久，为春节过年农家必备。制作工艺独特，所用猪油须洗净切块，用白糖腌制半月才可取出做糕。制作工序是先在蒸屉里铺上干净的布，再将和好的米粉均匀倒入，然后在表面放上猪油、瓜子仁、核桃仁、葡萄干、红枣等配料，上锅旺火蒸半个多小时出锅，最后撒上红绿丝即可食用。现村中农家乐餐桌上所供点心大多为猪油糕，每逢节假日，古街上的饭店还可现做现卖。

咸馅团子 陆巷春季名点，一般于暮春时制作。把赤豆在锅中煮熟放上盐、花椒等配料，用铁铲揿（按）成糊状，熬干后捏成馅，再用米粉包好，放在蒸笼上蒸熟即可食用。其馅入口即化，味香而清爽。时天气渐热，温度升高，游人有昏昏欲睡之感，吃一个咸馅团子有提神醒脑之效。

丞相养生糕 宝俭堂叶氏相府所传秘方，最宜秋天食用。原料有糯米、黄南瓜、赤豆、蜂蜜、红枣、松子、瓜子、胡桃、猕猴桃干、杧（芒）果干、板油等。先将糯米用水淘好晒干，磨成细粉，黄南瓜去皮切块蒸制成南瓜泥，赤豆文火煮成豆沙泥，按相府传承的工艺秘方和成混合粉，放入有百年历史的老杉木桶中，分层放入各类豆沙泥、板油、蜂蜜和各种果仁、果干蒸煮而成。食之香、松、脆，咸甜可口。

丞相养生糕

银鱼莼菜羹 银鱼洗净，沥干水分，莼菜洗净，蛋清打散备用。待锅中的水煮沸，放入莼菜汆烫约2分钟捞起。另取一个煮锅，水烧开，放入莼菜和银鱼再次烧开。调入淀粉，让汤汁浓稠，一边搅拌一边顺着锅边缓缓倒入打散的蛋清。关火后调入盐、白胡椒粉、芝麻香油搅拌均匀即可。

清蒸白鱼 取新鲜白鱼洗净，鱼肉加少许盐、料酒、姜片、葱段腌制。蒸锅中水烧开，放入鱼盘，滴少许食用油，大火蒸制约 10 分钟后关火，撒上葱花即可。该菜鱼肉洁白、汤汁清淡、细嫩鲜美。

翠玉金汤鱼脯 会老堂名菜。制法为选用 3 两以上黄鳝数条，开片去骨，于锅中炒熟。南瓜去皮煮成汤泥作底，然后与黄鳝煮制而成。

昂刺鱼莼菜汤 取鲜活昂刺鱼（学名黄颡鱼），剖腹洗净，下入碗中加黄酒、葱、姜末与盐，置热锅烧熟后捞起，只剩鱼汤。将鱼的头、尾、骨、刺等全部剔除，后将净肉再入原汤煮沸，把新鲜莼菜用清水洗净，入开水后即捞起，倒入煮沸的鱼汤中略煮即可。

枇杷酿三白 会老堂名菜。制法为将白鱼肚皮肉清蒸，丝瓜、银鱼、白虾仁炒熟，取新鲜枇杷剥去皮核，把三鲜塞进一只完整的枇杷中，品尝时既有虾仁的鲜味，又有丝瓜的清香，更有果肉的甜润。

相府东坡肉 宝俭堂名菜，已有 800 多年历史，该古宅是南宋名臣叶梦得故居，叶梦得与苏轼多有来往。苏东坡所制“东坡肉”很有名，据说叶梦得品尝后极为赞赏，仿其制法，另佐调料，制成“相府东坡肉”。制法为优选地产黑毛猪肉（要求农户自养的吃青糠、青草的猪），按古法自制酿造调料，按照相府传承千年的制作工艺和配方制成。

翠玉金汤鱼脯

枇杷酿三白

相府东坡肉

民俗风情

陆巷村名门望族大多来自中原，南宋初迁居该村，他们挟中原文化而来，把中原文明融入东山，形成了独特的村落文化。较具特色的有岁时习俗——献路头、猛将会、吃野粥、城隍会、出台阁、陪观音、荷花节、送灶、掸尘、“搬年碗”等，婚嫁习俗——定亲、迎娶、结亲等，建房习俗——镇石、平磉、上梁、涂黑墙头等。2000 年起，陆巷书吧、民乐队、节日展演、体育等群众文化也逐渐发展起来，受到游客欢迎。

献路头

猛将会

城隍会

岁时习俗

献路头 农历正月初五据传是财神爷生日，家家都设供桌、接财神，陆巷人称为“献路头”。陆巷紫石街店铺接财神仪式隆重，黎明燃放爆竹开市，点燃粗大的金字蜡烛置于柜台招牌前。希望新年招财进宝、财源茂盛、生意兴隆，接财神活动年年极为红火。

猛将会 农历正月初三至十三，东山猛将会不绝，有初三“出巡”送年礼，初五“打机叉”送子，初六“冲湖嘴”，初九塘子岭上“抢会”“漫山转”等活动。陆巷村沙岭猛将首列其中。正月十三为猛将神诞辰，村中沙岭、朱巷、大河头等猛将堂都点燃巨烛，放爆竹，极为热闹。2016 年春节期，陆巷村 80% 以上村民参加了这一民俗活动。

吃野粥 农历正月十六对着鹊巢临时支灶，将米、豆类、杂果等熬制成粥，称之为“烧野粥”。食用时还要对着喜鹊窝，据说能避邪消灾。陆巷村对外开放旅游后，近年这一习俗有所发展，每逢大年初一，不少城镇游客也到后山品尝“野粥”，以求全家安康。

城隍会 谷雨节，前后山城隍出庙，俗称跑五方，出巡赛会，仪仗甚盛，尤其是跑五方、吊臂香表演最吸引人。跑五方，又称“一百零八将”，集 50 ~ 60 名（也有 108 名）10 岁以下的男女孩童，穿上小戏袍，手里拿着水泊梁山上好汉的各种道具，装扮成一百零八名将领，跟着队伍游行。每行进一程路，停下来唱段“好汉歌”，舞刀弄枪表演一阵节目，然后再行进，周而复始，极为精彩。现村中城隍会已恢复。

出台阁

出台阁 江苏省“非遗”保护项目。台阁最早起源于中原一带，宋室南迁时由北方移民带入太湖洞庭东山，经过数百年与地方民俗的融合，形成了颇具风情并以“出彩”为主要看点的东山台阁。每只台阁均有巧妙的制作技艺和“惊险”造型，被誉为“大街上的杂技”。台阁均由真人装扮而成，所扮演内容均取自群众喜闻乐见的戏剧故事。每只台阁一般由 2 名孩童（亦有 3 名孩童）扮演。台阁的制作与扮装极具技巧，先是在其木座上特制一根铁杆，高 3 米。其根生于座椅中，上下两节，用榫头衔接。上下铁杆上各吊一把小椅，仅容表演的孩童坐下，用整幅布将表演的孩童下半身连座椅紧紧包裹。因小铁椅是吊着的，虽被裹紧，但未固定，仍能晃动，不觉呆板。上下表演的孩童面部化妆后，均穿上装有假脚（着靴或戏鞋）的裤子，再穿上戏装，女孩还系上彩裙，打扮得与成人相似。在水袖、裙幅等道具的巧妙掩饰下，远视极像一脚踏在刀剑上，一脚悬空，既惊险，又飘然自若，甚为精彩。旧时东山上百只台阁，只只独具匠心，艺术造型各具特色，绝少雷同。出台阁时还有舞龙、舞狮等表演。

舞龙表演

1984 年东山镇恢复出台阁，现前后山村村都创作有台

莫厘峰陪观音

阁，每逢新年和节庆日，20 多只台阁在大街上表演，城乡 10 多万人追着观看欣赏。陆巷村创作扮演的“康熙赐名碧螺春”“许仙借伞”“小青青白娘娘”等台阁，还多次到东山和苏州表演，引来外宾观看。

陪观音 又名莫厘峰庙会。农历六月十九观音菩萨生日，六月十八傍晚，陆巷村人便成群结队，攀登大尖顶（莫厘峰）观音庵，汇成朝山进香大军。她（他）们有唱有跳，通宵达旦。六月十九讲究“烧头香”，求合家平安，次晨下山又名为“伴观音”。据说隋初莫厘将军驻军东山，除掉山中猛虎，百姓感其恩，在山巅建庙纪念，农历六月十九为其诞辰之日，山人均上山烧香祭祀。刚巧这天也是观音生日，后来演化成“伴观音”的民俗活动。

荷花节 农历六月二十四荷花节，陆巷村人成群结队到龙头山（葑山）赏荷花，进高香。村人步行、乘车、坐船到葑山上，居高临下观赏十里荷花。此风俗源于明嘉靖中期，当时有一股倭寇集结于太湖葑山下，欲劫掠东

荷花节

山。地方守军兵力不足，难以抵御敌人入侵。守将同地方乡贤想出了“葑山赏荷”的良策，此时正好荷花盛开，成千上万的村民抬着猛将神聚会葑山，观看山下湖中十里荷塘，以赏荷之人迷惑倭寇。倭寇中计，以为山上埋伏着千军万马，吓得掉转船头，溜之大吉，从此赏荷风俗便一代代传了下来。

赏荷花

廿四送灶 农历十二月二十四称“廿四夜”，村中家家做“廿四团”送灶神，并祭以各色果品，又以饴糖为供。据说一年中，人们每做一件事、说一句话，家里灶王爷都知道得一清二楚，并记录在册，故有“人在做，天在看”之谚。傍晚，陆巷村家中主妇用糖水轻洒灶间，然后默默祷告一番，“甜言蜜语”哄灶神上天说好话，回地保平安。

掸尘 农历十二月十五以后，家家准备过年，办年货（包括吃、穿、用及送礼之品），磨糯米粉、蒸糕，称“年糕”。一起动手打扫屋舍，洗刷门窗，名为“掸尘”，有除去一年来的污垢，迎接新一年到来之意。

“搬年碗” 农历十二月二十九为小除夕，村中家家祭祖“搬年碗”。陆巷村先祖大多为南宋时从北方迁来，明清时“搬年碗”都置供桌香烛朝北，全家朝北面跪拜，寓意宗族来自北方，不忘故乡家园。这一风俗延传至今，但大多已供桌南向了。

“搬年碗”

婚嫁习俗

订婚 村里人称之为“定亲”或“攀亲”，如今称为“订婚”。通常是男方主动提亲，若女方同意，男方就请媒人（现称“介绍人”）约期相亲。双方中意者，就选定吉日，办“定亲酒”。男方送订婚礼，俗称“送小盘”，后女方回盘，俗称“行盘”。订婚后男女开始互相走动，男方被称为“毛脚女婿”，女方被称为“未过门新娘子”。如今自由恋爱，双方合意，便可直接结婚，但订婚习俗在村中仍然盛行。陆巷村一带山村，订婚时有“授茶”这一寓意吉祥的习俗，即男方请媒人或介绍人把一包碧螺春茶送给女方，要是姑娘接受了茶叶，就表示答应了男方的求婚，取意茶树不可移栽，表示婚后男方不论富贵贫贱，将永不变心。

迎娶 男方家雇用鼓乐队（旧时抬花轿）到女家，在门口鸣放爆竹，女方家闻声，紧闭大门，屏息无声。几经男方家娶亲人恳求，女方家才开条门缝，提出要钱的要求，称“开门钱”。亦有要烟、要糖的，热闹嬉笑一番，意在活跃烘托喜气。娶亲人满足女方家陪嫁亲戚（主要青年人、孩童）要求后，才会将门打开让男方家迎娶新娘。新娘经梳妆打扮，向在场的亲戚长辈逐个道别。有母女抱头哭泣的习俗，谓之“哭发”，称为吉利之举。女儿刚出门，女方家随之把一盆水泼在大门口，意即“嫁出女儿泼出水”，即盼女儿出嫁后至男方家成家立业，创出一番事业来。

迎娶

古装新郎、新娘

结亲 新娘接到男方家后，要拜堂及祭拜祖宗，并向公婆、长辈行礼。新娘和新郎拜过堂后，称“堂客”，意即在男方家客堂中祭拜过祖先，作过客人。是夜，新娘由小姐妹陪伴睡在新房内，称先嫁床，再嫁郎。次日是结婚正日，大摆喜筵，诸亲朋好友都来祝贺吃喜酒。这日新娘的父母、兄弟，都光临男家，称“新亲”。男家陪席的叫作“陪新亲”。一般新婚夫妇当晚回女方家“回门”，也有次日回的。吃罢回门酒，回到男方家中，便是“闹新房”。三天以后，新婚夫妇逐渐回归日常生活。

洞房挑方巾

建房习俗

镇石 陆巷村明清建筑众多，不但建筑艺术、规制与风格很有特色，而且大宅门前多镇石，主要为镇“风水”之物，以解大门前有箭形的河、笔直的路、露天粪坑、坟墓、屋脊尾等“冲”。镇石有七：一是山海镇，取一块长约 1 米、宽 0.45 米的石条，阴刻“山海镇”三个楷体大字，砌于大门墙壁。二是石敢当，在条石上阴刻“石敢当”三个楷体大字，嵌砌在屋角，对准门口。三是半爿磨盘，直径约 1 米，放置于大门边的墙上。四是八卦石，在一块直径 0.3 米左右的圆形石上浮雕八卦图案，尔后砌在大门前包檐墙头上。五是“黄老虎”，用泥灰塑造的老虎头，顶塑“王”字，砌在门墙上方。六是“瓦老爷”，陶制品，身长 30 厘米左右，面目和善，表情呆板，置于门上据说能压邪镇宅保太平。七是照妖镜，原是圆形铜镜，现为玻璃圆镜，嵌在大门面槛上。

陆杨古道旁的山海镇

陆巷古宅镇石

平礎 即摆放宅脚和柱子接触的鼓墩石。匠人排好宅脚后便要进行平磉。平磉时，水泥匠按木匠规划好的尺寸来平定磉石的位置。磉脚下要放些钱，称“太平铜钱”。平磉仅限两人，一人平磉，一人唱颂词：

甲：手拿磉板方又方，恭喜主家砌新房。

磉子做得圆整整，新造楼房排成行。

乙：今日磉板来安定，四时八节保安宁。

自我做来听我言，主家富贵万万年。

而后，建宅主人给平磉匠人发喜钱，建房正式开始。现陆巷村民建造新楼房都用钢筋水泥，已不须要进行平磉，但不少明清古宅落架修缮时仍沿用平磉建房风俗。

上梁　新房上正梁之日，亲朋好友们都要送鞭炮和糕团、馒头、粽子等，俗称“上梁盘”。上梁之前，在正间厅堂正梁上贴红纸写的“福星高照”“三阳开泰”“五福临门”等吉利话。上梁时，“把作头”在梁上说吉利话，然后在鞭炮声中，架上正梁，随即在梁上向下分散掷糖果、水果等，任孩童争拾，称之为“抛梁”。然后在村里或新屋中备上丰盛酒席，招待工匠与亲戚朋友，称吃“上梁酒”。猜拳行令，热闹一番，称闹新宅，这一风俗至今仍在陆巷村盛行。

涂黑墙　东山陆巷等山村新房落成后，最后一道工序是用轻煤把外墙全部涂成黑色，因东山地处湖中，陆巷村又位于后山湖边，四季风雨对房屋损毁很大，黑墙壁能避雨水，防侵蚀。其俗陆巷代代相传，现在村民建房均采用此法。

惠和堂青藤黑墙面

◉ 山歌民谣

据明弘治《震泽编》、乾隆《太湖备考》、民国《洞庭东山旅沪同乡会卅周纪念特刊》等书记载，东山历史上流传下来的民谣及山歌多达上百首，在陆巷后山一带也都有传唱。山歌的创作题材以当地的动植物为多，如《高山头浪一群鹅》《黄瓜棚》等。歌词均为独特的东山方言，如《虫名十二月山歌》《挑野菜》。山歌情节较为有趣，大多颠颠倒倒，听后使人摸不着头脑，但细思又富含哲理，如批判当时“守株待兔”、不求改变进取的人和事，有《一只山歌乱说多》《一个姑娘三寸长》等。民谣大多取材于大自然中的日月星辰和童趣，有《年公公》《星姑娘》《摇啊摇》等。每年春节“莫厘迎新”与“重阳登高”，或秋冬上山砍柴，担柴下山时，随兴人们均喜唱上一段句山歌，而民谣则大多是祖母哄睡孙儿的催眠曲。

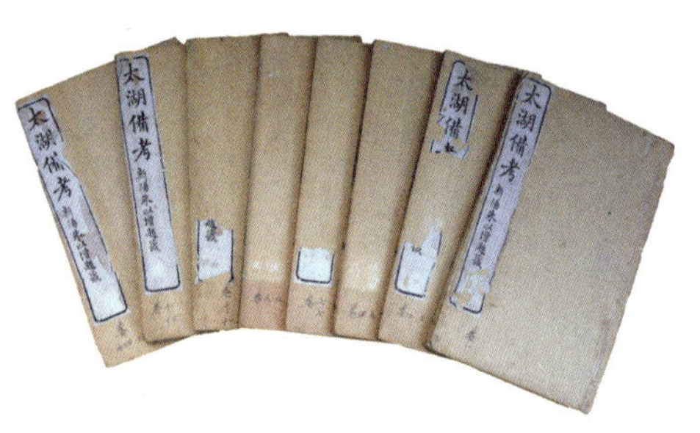

《太湖备考》

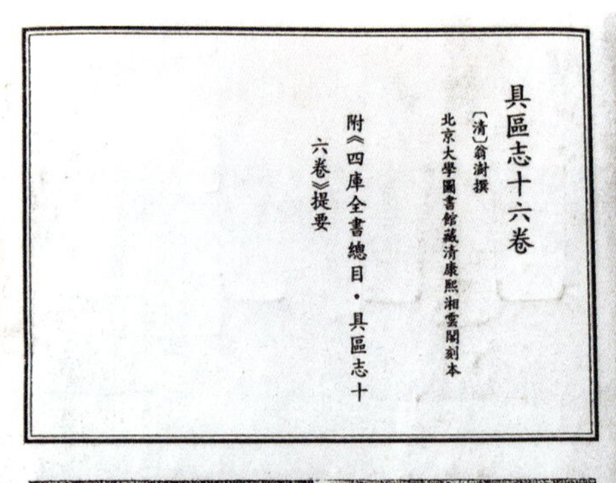

具區志十六卷

〔清〕翁澍撰

北京大學圖書館藏清康熙湘雲閣刻本

附《四庫全書總目·具區志十六卷》提要

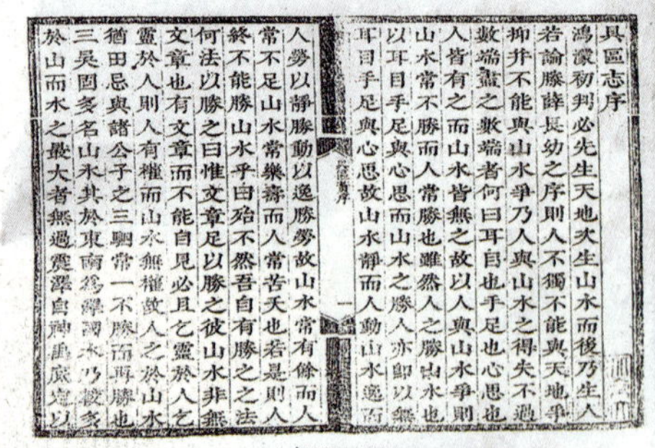

具區志序

鴻濛初判必先生天地次生山水而後乃生人若論勝辟長幼之序則人不獨不能與天地爭抑并不能與山水爭乃人與山水之得失不過數端蓋之數端者何曰耳目也手足也心思也人皆有之而山水皆無之故以人與山水爭則山水常不勝而人常勝也雖然人之勝山水也以耳目手足與心思而山水之勝人亦即以無耳目手足與心思故山水靜而人動山水逸而人勞以靜勝動以逸勝勞故山水常有餘而人常不足山水常樂壽而人常苦夭也若是則人終不能勝山水乎曰殆不然吾自有勝之之法何法以勝之曰惟文章足以勝之彼山水非無文章也有文章而不能自見必且乞靈於人乞靈於人則人有權而山水無權故人之於山水猶田忌與諸公子之三駟常一不勝而再勝也三吳固多名山水其於東南為澤國水乃較多於山而水之最大者無過震澤自神禹底定以

史 223—453

《具区志》

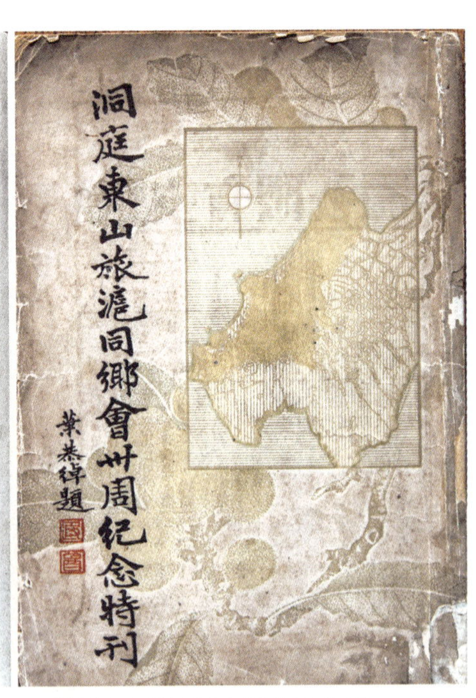

《洞庭东山旅沪同乡会卅周纪念特刊》

山歌

高山头浪一群鹅

高山头浪一群鹅，一淘拔勒贼伯伯偷仔去，单单剩只蹩脚鹅。阿哥话，烧烧吃仔吧；弟弟话，剩拔勒哥哥讨家婆。讨个家婆矮陀螺，八幅罗裙着地拖，上床要用蒲墩垫，下床又要丈夫驮。隔壁头娘娘奈勿取笑吾，噶格叫，做仔夫妻没奈何！

虫名十二月山歌

正月梅花阵阵香，螳螂叫船游春场，蜻蜓相帮来摇橹，蚱蜢掮篙当头撑。

二月杏花处处开，蜜蜂开起茶馆来，梁山伯忙着冲开水，柜上坐着祝英台。

三月桃花朵朵红，来个茶客石胡蜂，接力黄谈起家常事，蝼蛄有病怕吹风。

四月蔷薇满墙开，蚕宝宝上山做茧哉，苍蝇困觉明朝还，蚊子夜里上市来。

五月石榴红彤彤，花蝴蝶躲勒花当中，杨师太一叫活吓煞，吓得地鳖虫动也勿敢动。

六月荷花结成莲，织布娘登勒房里哭亲娘，唧蛉子细声来相劝，叫哥哥常蹲勒姐身边。

七月凤仙靠壁开，壁虎沿墙游过来，萤火虫提灯前头照，吓得田鸡跳起来。

八月金秋木樨香，蟋蟀夜夜偷婆娘，拔勒廊檐头蜘蛛来看见，结识个相好纺织娘。

九月重阳菊花黄，带兵打仗有蚂蟥，背包蛐蜒来督阵，千万蚂蚁尽阵亡。

十月芙蓉应小春，青壳田螺夜夜动坏脑筋，金钱乌龟拉皮条，香油虫出仔臭名声。

十一月里茶花开，红头百摆擂台，蛤蟆有点勿服气，灰骆驼卜笃跳上来。

十二月里蜡梅黄，跳蚤居然开典当，瘪虱强横做仔臭朝奉，老白虱上来当件破衣裳。

一只山歌乱说多

一只山歌乱说多，油煎豆腐骨头多。太湖当中挑野菜，兔子笼里养老虎。瞎子张眼望苏州，大尖顶浪摸田螺。摸个田螺笆斗大，摆勒摇篮里面骗外婆。

民谣

年公公

年公公，啊里来，脚踏莲花浪里来。带点啥末事来？带点铜鼓砌钹来。敲敲看，咚咚匡，砌砌狂。

灰喜鹊

灰喜鹊，尾巴长，愁柴愁米养姑娘。姑娘生来恶，将来嫁蚌壳。蚌壳空，嫁老翁。老翁死，嫁只猪。猪要杀，嫁秀才。秀才矮，嫁只蟹。蟹壳黄，嫁凤凰。凤凰飞，嫁只鸡。鸡要走，嫁只狗。狗要看门咬坏人，咬奈姑娘呒良心，让奈今生今世勿上门。

摇啊摇

摇摇摇，小宝宝，摇到昆山水磨桥。水磨桥浪人勿少，挤落一个姑娘掉，救命、救命、拼命叫。摇船公公力气好，一把抓住姑娘腰，一拉拉上仔船梢。问声姑娘洛里人？百家湾里第三凹，门前有棵大榆树，门后有条小石桥，还有竹园萧勒萧，斫根竹头送拔奈，让奈摇船公公做好篙。

艺文杂记

陆巷是诗书礼乐之村，人文荟萃之地，被誉为“状元进士故里，院士教授摇篮”。陆巷深厚的文化积淀源自南宋，至明清时期极盛。小小的山村，历史上所出诗人、作家、书画家、金石篆刻家数以百计，出诗集、文诗近千册，仅明文渊阁大学士王鏊即出文、诗集36卷，裔孙王禹声明万历年间刻印的《震泽先生集》中，收其文586篇，诗672首。村中王、叶、翁、吴、严大族，大多辑有家谱传世，谱中列有家训教育子孙，尤其莫厘王氏家训中，“勤以立身、俭以处家，诚以待人，信以交友”的家训，使王氏家族青出于蓝而胜于蓝，代有名人。

明正德《姑苏志》　明《震泽集》　《陆巷村志》

◉ 历代著述

据《震泽编》《具区志》《乡志类稿》《苏州民国艺文志》《东山艺文志》等书著录，元、明、清三朝及民国时期，陆巷出作家、诗人 188 人，出版诗、文集 420 多部，参加编纂的府县志、乡土志 20 多部。

《王鏊传》《莫厘王氏人物传》《王鏊诗文选》　《王鏊诗集详注》

陆巷历代编著作品一览表

表2

朝代	作者	编著作品
明	王　鏊	《孝宗实录》《食货录》《〔正德〕姑苏志》《春秋词命》《震泽编》《震泽集》《震泽长语》《守溪长语》《震泽纪闻》《本草单方》《古单方》《王守溪稿》
	王　铨	《梦草集》
	吴　桥	《浪游吟》
	姜　节	《羲经释义》《同适稿》
	叶　杰	《湖山漫稿》
	王延陵	《王中舍集》《春社编》
	叶九章	《瀑影斋诗稿》
	叶具瞻	《水云类稿》
	王禹声	《郢事纪略》《续震泽纪闻》《鹃音白社诗草》《震泽先生集》
	叶　崙	《名山堂印谱》《云持诗草》
	吴嘉祯	《吴嘉祯诗》
	王祚鼎	《懒生卮言》
	叶　咏	《摛藻堂诗稿》
	叶灼棠	《西清京稿诗文百集》
清	叶有馨	《咸悦堂诗文集》
	叶　闇	《易原》《茗柯剩言》《学古吟》《东徙吟》《树滋堂集》《楚梦吟》《是底言》《咏史诗》《诗观》《诗逢初选》《叶林屋诗》《诗观》《诗逢》《拟古编》
	叶树廉	《论史石镜》《史记私论》《集金石文》《续金石录》《金石文随录》《古碑证文》《梁江文通文集》《四部丛刊》《朴学斋集》《东山诗纪》
	叶　绥	《东山诗集》
	王　武	《鹤谱》《王忘庵花卉册》
	叶　修	《华萼集》
	叶　裕	《华萼集》《获野堂稿》《从游集》
	王申荀	《东皋草堂诗》
	叶　绅	《晚吟草诗集》
	叶芳嘉	《读史论断》《匏瓜集》《学圃吟》《鸥庄诗集》
	叶子孝	《清响斋诗集》
	叶方标	《深柳读书堂诗钞》《濂峪存草》《冰雪篇》《香草》《碎金集》
	姜立宽	《辰巳集》
	叶屋龄	《指源篆百籍》《嵩氺草堂诗稿》
	王尊贤	《王居士天籁集》《心经解》《圆觉经解》《金刚经解》
	姜森玉	《伤寒补注》《诗文偶存》
	叶士鉴	《劲秋斋诗文集》《金沙游草》《劲秋草》
	叶万里	《震泽赋》
	叶世偶	《情谱十咏》
	王增金	《钟山书院志》《壑舟园诗集》
	叶　近	《偎晖集》《雪香集》《杯馀集》《秋霭山房诗》
	王永祺	《草香居诗文集》

续表 2

朝代	作者	编著作品
清	王世锦	《艺芸馆诗抄》
	王世钧	《家塾须知》《晚壑纂训》
	王家楠	《泽古堂诗文集》
	王鼎伯	《培荆堂诗草》
	王世琛	《桔巢小稿》《书城挹翠录》
	王芑孙	《金石碑版文例》《论碑帖诗》《论书绝句》《王铁夫杂稿》《独学庐诗稿》《渊雅堂全集》《渊雅堂编年诗稿》《惕甫未定稿》《诗外集》《波余遗稿》《写韵轩小稿》《惕甫未定稿》《王铁夫先生山游诗》《楞伽山人尺牍》《渊雅堂应奉稿》
	王翼孙	《波余遗稿》《心波轩词钞》
	王申伯	《碧螺书屋偶存草》《王申伯集》
	王　庚	《獭祭编》
	王熊伯	《环翠楼诗钞》
	王仲滐	《天绘阁初稿》
	王　鎏	《毛诗多识编》《续碑传文》《乡党正义》《四书地理考》《经解鲭》《钞币刍言》《太原家谱》《圣门入学书衍义》《壑舟园初稿》《国朝文述》
	叶廷琯	《四书辨释备考》《石林先生两镇建康纪年略》《叶调生日记》《吴城日记》《眉叟年谱》《游石公山记》《小方壶斋舆地丛钞》《鸥陂渔话》《叶调生遗书》《清代笔记丛刊》《笔记小说大观》
	王嘉福	《仲雅堂诗稿》《二波轩词选》《丽香馆词话》
	王嘉禄	《嗣雅堂诗存》《桐月修箫谱》《丁丑丛编》
	王朝忠	《焚馀诗钞》
	王仲鉴	《太原家谱》
	王希廉	《李史》《申报馆丛书正集》《石头记评赞》《香艳丛书》《红楼梦附集十二种》
	王叔钊	《息影庐小稿》《秋棠花馆诗馀》《四家词合刻》
	王颂蔚	《周礼义疏稿》《明史考证捃逸》《嘉业堂丛书》《百衲本二十四史明史附》《古书经眼录》《写礼庼遗著》《写礼庼读碑记》《写礼庼遗著》《非石日记钞》《滂喜斋丛书》
	王仁俊	《正学堂尚书说》《孝经古本考》《王氏读谊尔雅日记》《学古堂日记》《尔雅学》《尔雅草释木统笺》《后案》《白虎通义引书表》《梦花馆精选注解》《存古学堂丛刻经学》《说文解字考异三编》
民国时期	王季烈	《中华中学化学教科书》《最新博物示教》《化学》《孤本元明杂剧》《王颂蔚事略》《明史考证捃逸·补遗·附录》《震泽先生别集》《增补曲苑竹集》《中学矿物界教科书》《集成曲谱》《与众曲谱》《工尺大观》《人兽鉴传奇谱》《螾庐曲谈》《动物学新教科书》《孤本元明杂剧提要》
	王季同	《积较补解》《泛倍数衍》《孟晋堪所著书》《唯识研究序》《因明入正理论摸象》《关于分解电网络之新方法》《佛法与科学》《佛法与科学之比较研究》《佛法省要》《略论佛法要义》《佛法之科学的说明》
	王季点	《制羼金法》《国债论》《新式物理教科书》《中学矿物界教科书》
	王守竞	《论普通氢分子的问题》《王氏代数定律》《氢原子的偶级矩和能量级》《波动能非线性部分能量级的量度和实验》《王氏先祖遗墨文集》
现代	王淑贞	《妇产科理论与实践》《妇产科学》《实用妇产科学》《中国医学百科全书（妇产科学分册）》《辞海（医学英语辞典）》
	叶衍庆	《中国医学百科全书（矫形外科）》《三刃钉固定股骨术》《麦氏裁骨术治疗新与旧的股骨劲囊内骨折》《脊前外侧减压术及治疗脊柱结核并发裁瘫》《实验性骨折愈合的超微结构研究》

续表 2

朝代	作者	编著作品
现代	王明贞	《雷达系统工程》第 24 卷《阀信号》
	叶露渊	《中国玺印源流》《静乐簃印存》
	王守泰	《汽轮机原理》《电厂设备》《昆曲曲牌及套数范例集》
	叶又新	《胶东窗花》《山东民间剪纸》《中国美术全集 · 民间年画篇》
	王守融	《精密仪器工程教材》《尺寸键的计算》《仪器制造工艺学》《精密仪器零件及机构》《精密仪器制造刀具与机床及技术测量》《机械制造量仪精密机械仪器自动量仪》
	王守武	《半导体器件研究与进展（丛书）》第一、二册，《VDMOS 场效应晶体管应用手册》
	李仲安	《九怪山人书法集》《九怪山人古文书法集》
	王义强	《鱼类生理学》《鱼类学译丛》
	王守觉	《仿生模式识别》《基于仿生模式识别与传统模式识别的人脸识别效果比较研究》《人工神经网络的多维空间几何分析及理论》《单节拍浮点运算神经元的组合逻辑设计》
	叶　栋	《唐乐古谱译读》、《隋唐古韵》（唱片）、《敦煌曲谱》（唱片）、《春莺啭》（唱片）
	叶世源	《复数概论》《高等代数》
	王宝善	《电子组装》《中国大百科全书（电子学与计算机卷）》《现代电子科学技术词典（上下卷）》
	王义行	《机械实验学》等专著、编著 8 本，其中 4 本为主编
	叶又红	《海上旧闻》《养生与健康》《北国访古话文明》
	叶正亭	《姑苏一叶》《吴中秋叶》《江南采叶》《味道苏州》《苏州诱惑》
	杨维忠	《王鏊传》《莫厘王氏人物传》《王鏊诗文选》《陆巷村志》《太湖古村——陆巷》

◉ 家谱家训

陆巷大族明清时均修撰有家谱，并设有家规、家训等条目，以告诫与规范本族子弟，从小孝敬父母、敬重师长、亲善友朋，培养良好的道德和健全的人格；同时勤奋学习，掌握本领，长大后报效国家与父母。陆巷莫厘王氏、吴中叶氏、延陵吴氏家训很有代表性，其家风、村风代代相传，延至 21 世纪。

家谱　据史书记载，历史上陆巷望族共修过 20 多部家谱、家乘、族谱，保存有 15 部。其中，莫厘王氏 6 部，分别编纂刻印于明弘治九年（1496）、清乾隆十八年（1753）、清道光六年（1826）、清宣统三年（1911）、1937 年和 2014 年，分别藏于上海图书馆、苏州博物馆、吴中区图书馆。吴中叶氏 3 部，编纂刻印于清康熙三十三年（1694）、清光绪七年（1881）、清宣统三年（1911），分藏于中科院历史研究所、上海图书馆、苏州大学、河北大学图书馆。延陵吴氏 2 部，编纂刻印于清乾隆三年（1738）、乾隆四十年（1775），藏于上海图书馆与美国加州大学、吉林大学图书馆。此外，沈氏、严氏、张氏、翁氏各 1 部，藏于上海、苏州及吴中区图书馆。

家训

叶氏《石林家训》 即叶梦得家训，清康熙三十三年（1694），叶启绥纂修《纪革叶氏支谱》，共有修身要略以戒诸子，性善说喻子弟，不贰过说喻诸子，尽忠实录以遗子孙，戒诸子侄以保孝行，以忠谏之义论其行，勉幼子力学解，避难缙云以乐自况，读书，慎言，忠孝首当勿欺，友爱出于至诚12条。选取其中“读书”条：

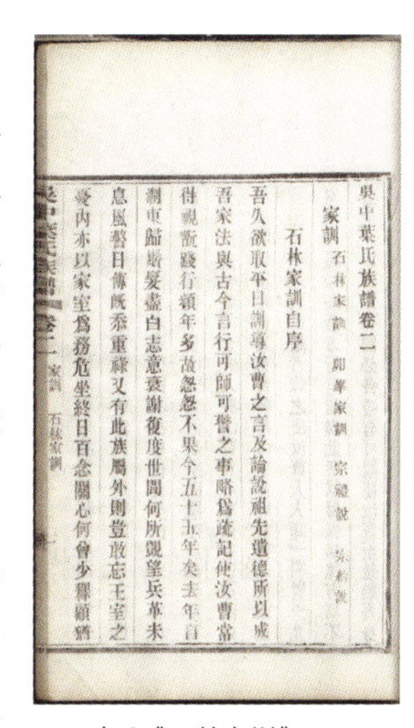

吳中葉氏族譜卷二

家訓 石林家訓 節孝家訓 宗範說

石林家訓自序

吾久欲取平日訓導汝曹之言及論說祖先遺德所以成吾家法與古今言行可師可警之事略爲疏記使汝曹常得觀覽發行頽年多故怱怱不果今五十五年矣去年自謝事歸蒐髮盡白志意衰謝復度世間何所覬望兵革未息風警日傳旣忝重祿又有此族屬外則豈敢忘王室之憂內亦以家室爲務危坐終日百念關心何曾少釋顧猶

吳中葉氏族譜 卷二 家訓 石林家訓

叶氏《石林家训》

> 每书须先读三五卷，正其用心处，然后可及他事，暮夜见烛亦复然。若遇无事终日不离几案，苟善于此，一生永不会向下作下等人。汝见吾事自知不妄，吾二年来目力极昏，看小字甚至难，虽盛夏帐中亦须读数篇书，至极困乃就枕，不尔胸次歉然，若有未了事，往往睡亦不美，况昼日乎。若凌晨便治俗事，或兀然间坐，日复一日与书卷渐远，岂复更思学问，如此不流入庸俗人，则着衣吃饭一经子弟耳。况复博弈饮酒，追逐玩好，寻求交游，任意所欲，如此近二三年远，五六年未有不丧身破家者，此不待吾言而知也。

莫厘王氏《家训》 1937年王季烈编纂《莫厘王氏家谱》，有何谓力学、何谓持身、何谓应世、何谓承家4条。选取其中“何谓持身”条：

> 即我身之操守与保养是也。《孝经》云：“身体发肤，受之父母，不敢毁伤，孝之始也。”《论语》云：“父母惟其疾之忧。”综上二说，可知持身之道，较力学为尤重。近见富家子弟，青年学士，恣肆放纵以自毁其身，阿非徇欲以自陷其身，不孝不义莫大于如此。世间力作农夫，贫寒子弟，大率身体坚强，疾病甚少，而膏梁富贵之家则相反，故俗有财多身弱之谚，非财之即能弱其身也。多财而自逸，则身体日惰，而少锻炼之功矣。多财而自纵，则嗜欲日盛，而多颓丧之事矣。古者洒扫之事，子弟任之，井洗之事，妇女任之，非仅表勤俭之风，亦所以锻炼身体，使之强健也。至于日出而起，日入而息，尤与卫生之道相合。今之富家则不然，仆婢成群，事事不愿躬亲，出必车马，一手一足之

莫厘王氏《家训》

劳所不屑为，而惟纵情于声色，劳形于赌博，俾昼作夜，起居无节，欲保身体之长久，其可得乎？余之所谓持身者，愿尔辈力矫此等弊病，斯可矣。

延陵吴氏《族谱规约》 清乾隆三年（1738），吴永锡编纂《延陵吴氏族谱》，有得姓篇、五服篇、继嗣篇、出赘篇、祭扫篇、周急篇、睦族篇、读书篇、辑谱篇9篇。选取其中“周急篇”：

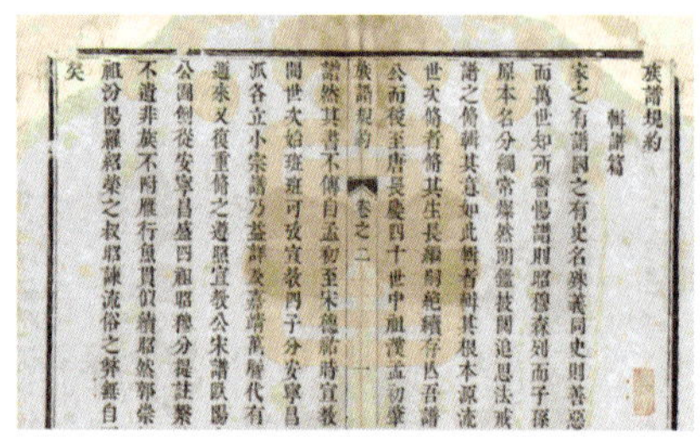
族譜規約
輯譜篇
族譜規約 卷之二

延陵吴氏《族谱规约》

周礼六行，孝友睦姻任恤，任者以力相任，恤者以财相恤。范氏义田权兴于此。吾宗人闻多贫乏不能自存，族中稍有力者当念展亲之义，量为周给，节缩华靡可为河润，不然宁侈无益之费而无视孤寡，薄俗固有之矣。愿吾后人戒之。

◉ 诗文选粹

诗选

静观楼成众山忽见[①]

〔明〕王鏊

山居尽日不见山，楼上山来自何处。
中峰独立群峰随，头角森森出林树。
澄湖万顷从中来，浪卷三山欲飞去。
得非奋迅从地出，无乃飞腾自天下。
我来楼上何所为，长日观山与山语。
东风吹醉还吹醒，山自为宾我为主。

二月真适园梅花盛开四首（其一）[②]

〔明〕王鏊

万株香雪立东风，背倚斜阳晕酒红。

① 录自清乾隆吴定璋《七十二峰足征集》。
② 录自清乾隆金友理《太湖备考》。

把酒花间花莫笑，春光还属白头翁。

过故状元施宗铭坟[①]

〔明〕王鏊

后生何敢望馀芬，斗酒还过董相坟。
行指冈峦低偃月，生疑文彩上成云。
两山已雪将军耻，四海犹传制策文。
贾谊天年人莫恨，孔光张禹亦徒云。

少傅王公款月台[②]

〔明〕祝允明

青天洞荡浮云开，东方月出临高台。
光流碧汉轮飞度，影入湖波魄共来。
贤主嘉宾长会合，同光共影且徘徊。
未咏韩公星没句，聊从太白漫停杯。

题仙人石[③]

〔明〕王琬

闻说蓬莱采药仙，飞来曾息此山巅。
不知何日凌云去，石上灵踪万古传。

枇杷[④]

〔清〕尤侗

摘得东山纪革头，金丸满案玉膏流。
唐宫荔子夸无赛，恨不江南一骑收。

---

① 录自清乾隆吴定璋《七十二峰足征集》。
② 录自民国叶乐天《乡志类稿》。
③④ 录自清乾隆金友理《太湖备考》。

化龙池 ①

〔清〕陆燕喆

瀑泉惟嵩岭，胜甲五湖峰。
乱石穿云线，清池坠玉龙。
流侵浣女石，润入挂衣松。
桥上何时坐，须迟雨后踪。

寒山晚眺 ②

〔清〕吴伟业

骤入初疑误，沿源兴不穷。
穿林人渐小，揽葛道微通。
湖出千松杪，钟声万壑中。
晚来山月吐，遥指断岩东。

白沙湾见小池荷花盛开 ③

〔清〕杜诏

烟波真万顷，何处好看花？
色艳矜红粉，香清称白沙。
方塘难放棹，勺水易为家。
秋晓亭亭立，迎风挹露华。

选文

登莫厘峰记 ④

〔明〕王鏊

两洞庭分峙太湖中，其峰之最高者，西曰缥缈，东曰莫厘。皆斗起层波，矗逼霄汉，可望而不可即。成化戊戌，予归自翰林，文吴县天爵过予于山中，相与穷溪山之

①③④ 录自清乾隆吴定璋《七十二峰足征集》。
② 录自上海古籍出版社1990年版《吴梅村全集》。

胜，行至法海，仰见异峰。僧进曰："是所谓莫厘者也！"文振衣山升，众皆继之。或后或先，或喘或颠，至乎绝顶而休焉……隐见天末，或曰下山也。北望姑苏、横金一带，人家历历可数。有浮屠亭亭，曰灵岩、上方也。东望吴江，云水明丽，帆影出没，若有若无。盖七十二峰之丽，三万六千顷之奇，皆一览而在。曰："大哉观乎！"相与席地行觞，踞石赋诗。久之，暝色四合，微月破林，湖光澒洞，崖壑黯嶙，乃相与循旧路而归焉。语有之：不登高山者，不知天之高也；不临深溪者，不知地之厚也。莫厘犹尔，况所谓泰、岱、恒、华者哉！予以是知学之无穷也，故记之。

芝庭记①

〔明〕祝允明

叶君明哲之新居，在太湖东之纪革。始迁而芝产焉，因自称芝庭主人。吾师天官守溪先生，为署二大字。他日就仆问记，祯妖之谈，古今歧焉，或曰犹阔疏至折，诸圣言则如礼之，云四灵春秋之书，螽螟居可知矣。予衡观其间，不可决，谓天之有意无意在也。一气流转，或为人，或为物，其粹精者，植出而芝，出而才秀，非无种也。种于太和焉矣，其间有人物，相为征应者亦自不同，有人未至而物先见者；有人既孕而物斯从者，有人与物适相值焉者，由君子言则可喜也，亦可惧也。昔之名卿，喜佳子孙之出其门，如芝之生其庭，高贤固然，而今吾得之是可喜也。然而佳气吾集，能无迓导承凝之方欤，必人与物偕，而后不为吾芝辱，可符谢公言，少当苍苍意，是可惧也。今叶居于是则信然矣，其人恂然恭冲然，和蔼然，才且淑也。而嗣者泳游频波，英藻粲发，可以袭桂馨，夺杏艳，是封胡羯未徒也，则知而无事乎惧，一于喜者也，既以为君庆且以伫焉，而永之以歌诗，其词曰："烨神葳兮翘吾庭，粲吾嗣兮协厥灵，友黄绮兮采岩垧，粲者起兮甘泉涌，九茎芝兮绵修龄。"

惟贞公阡表②

〔明〕施槃

近世士大夫，言及泉货之属，则以为鄙，若有不屑焉者，及观洪范八政，则以食货

① 录自清乾隆吴定璋《七十二峰足征集》。

② 录自1937年王季烈编纂《莫厘王氏家谱》。

为先。子贡论政，则以足食为首。周书曰："农不出则乏食，工不出则乏其事，商不出则三宝绝，虞不至则财匮少。"后世惟太史公知此，故于《货殖传》。若白圭富国，计然强兵，鄙人倮寡妇清之属，无不具载，然知泉币货殖，亦有国者之当务也。王公惟贞，自小历览江湖，深谙积著之术，故江湖豪雄，尊为客师，至今言善理财者必曰惟贞公。公之言曰："有所籍而致富，非善理财者也；无籍而财自阜，斯谓之善理财者。"故王氏世以居积致产不訾，中乃稍微，至公复振其业，亦见其术之有征也。当曰："智不足以变通，勇不足以决断，仁不能以取予，强不能以有守，谓之善理财，吾未足信也。"夫以公之术，施之于家则家裕，设用之于国，国有不裕者哉。使生于春秋战国之时，吾知陶朱倚顿之流，不能专有其名矣。故特传其一节，俟后世修史者庶有采焉，是亦我朝之陶朱计然也。公讳敏，字惟贞，曾为里中叶氏馆甥云。

得月亭记 ①

〔明〕吴宽

吴县西五十里有巨浸，《禹贡》可谓震泽是也，《周识方》又曰具区，今吴人皆舍之不称，曰太湖。尝观昌黎韩子有避风太湖七日鹿角之语，则指楚之洞庭而言。今湖中多山，其最大者亦以洞庭号之，又山上有地曰角头，士人谓陆里先生居此，其说固无据，岂吴楚二水其大相敌，故其名相效耶？且山有洞固名，不知湖何以名。郭景纯谓巴陵有地道，潜通此山，然则楚以名水，吴以名山，盖以此与。余生来尝避楚，徒得其伟观于传记诗歌之内，而吴固吾乡也。往尝过友人王翰林济之，水行出胥口，通烟雨满湖，初焉山兀兀压水面，已而云气弥漫，忽夫其所在，扁舟茫茫，莫知所之。余心甚恐，然其景则奇而可玩矣。愚意使当良夜，月出其间，雁鹜惊飞，鱼龙戏游，清风来而白露下，金波渺然，一望万顷，其奇当如何，而恨未之值也。洞庭之东，有山对峙，其势若分，其脉则属，而竞秀於空明之际，若不相让，济之之先，托以隐居者累世矣，其大父惟道府君，尝即所居韩港南尤胜处，作亭曰得月。府君既下世，其父光化令解组而归，受封就养，岁修葺之，与家族宾客登览以乐。济之属余记，夫月，天下所共有也，而必于此曰得者，盖以惟此可以尽月之奇，他虽有之，不足当得耳，然其奇惟居于此者知之，游于此者知之，化人不知也。光化父子固所知者，虽欲千余，亦不能也，而余又能言之。

① 录自1937年王季烈编纂《莫厘王氏家谱》。

过东山朱氏画楼有感并序[①]

〔清〕吴伟业

东洞庭山以山后为尤胜，有碧山里朱君筑楼教其家姬歌舞。君每归自湖中不半里，令从者据船屋作铁笛数弄，家人闻之皆出。楼西有赤栏杆累丈余，诸姬十二人艳妆凝目指点归舟于烟波杳霭间。既至，即洞箫钿鼓谐笑，并作见者初不类人世也。君以布衣畜伎，晚而有指索其所爱者以是，不乐遣去，无何竟卒。余偶以春日过其里，虽帘幕凝尘，而湖山晴美，楼头有红杏一枝，偬帘欲笑客。为余言，君生平爱花，病困犹扶而沥酒，再拜致别。诸伎中有紫云者，为感其意，至今守志不嫁。嗟乎！由此足以得君之为人矣。为题五言诗于壁上："尽说凝眸望，东风徒倚身。如何踏歌处，不见看花人。旧曲抛红豆，新愁长白苹。伤心关盼盼，又是一年春。"

吴仲雍祠碑记[②]

〔清〕汪琬

昔泰伯以天下让，去周之荆，自号勾吴，荆人义而归之，立为吴泰伯。泰伯卒，无子。弟仲雍立，是为吴仲雍。追武王既定天下，乃封周章于吴，以为泰伯后，章故仲雍之曾孙也。按仲雍为太王次子，其在《诗》曰"帝作邦作对"，自泰伯王季而仲雍不与焉。即夫子称泰伯之让可谓至德，亦不及仲。凡以太王之后，立长立贤，俱非仲分内事也。虽然，使伯去而仲留，则岐周之仲子，何必不为孤竹之仲子，顾与泰伯同为采药之行者，非其立志之有同揆欤？志同则德亦同，千古以下，孰得而轩轾之？武王既封周章于吴，以奉泰伯之祀，又封周章之弟于虞，以主仲雍之祀，崇德报功之典一也。迨晋灭虞，而吴独存，吴存而仲雍未尝无后也。顾后之姓吴者，率皆祖泰伯，而不闻其祖仲雍，于义何居？岂以为人后者，为之子孙，不得复顾私亲耶？虽然，此则宗子之义也。吴之宗子世守承尝，如汉有奉嗣候，晋有昭衍公，统承大宗，奉泰伯为始祖，而亦必以恭孝王仲雍为之配。自宗子而外，皆为支子，即以仲雍为始祖，又何辞焉？

序商吴君文灏，为唐史官竞之裔孙，其家于白沙也，自太学生谦始。由谦以溯之

---

① 录自清乾隆吴定璋《七十二峰足征集》。

② 录自清乾隆金友理《太湖备考》。

竞，由竞以溯之延陵季子，谱牒可据，世次秩然，实恭孝之分支，不敢忘所自始。于是请之当事建祠，以奉祀事，嘱予作文以记之。且告之曰："灏之为是役也，实以承吾父之志，每过庭时，辄以敦叙为训诲，谓吾祖承正肃公后，始迁白沙，首建祖祠，阅世既久，鞠为茂草，今祠基不可复识，而宗族几同路人，良可深慨。爰命修谱，以联其族，又命建祠，俾后人无忘至德之传。灏今具呈当事，独以恭孝祠为请者，嫌与太宗，并不敢侵其职守云尔。今祠既成，为阁三楹，中仍奉三让王神位，而以恭孝王、延陵王左右之，次及先世之有功德可垂不朽者。惟我始祖，亦得从祀其间，以终先人之志，可乎？"予应之曰："此固君家祖祠也，因厥考而厥祖，念尔祖以及始祖，既以恭孝王仲雍为始祖矣，亦念仲雍当年始始终终追随而不忍一人离者，何人乎？仲雍盖以弟之恭而成子之孝，然则建恭孝之祠，必首尊三让之位，礼以义起，洵非过也。"吴君唯唯，爰笔以纪其事。

◉ 逸闻传说

张俊、岳飞赠言[①] 翁德裕，字承勋，宋亲军侍卫都统制。原居河南汴梁，南宋高构南渡，率翁氏家族迁居陆巷白沙村。翁承勋与南宋江淮招讨史张俊、右军都统制岳飞友善。据《翁氏世谱》记载，南宋建炎四年（1130），张俊、岳飞率军驻宜兴时，曾到东山看望翁承勋，并留有"亲军侍卫都统制承勋公卜居洞庭用赋赠言藉以志怀"张俊、岳飞亲笔赠言。

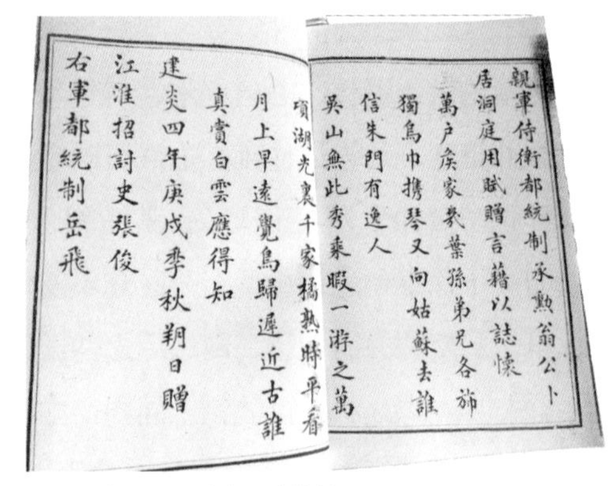
親軍侍衛都統制承勲翁公卜
居洞庭用賦贈言藉以誌懐
萬户矦家裘葉孫弟兄各跡
獨鳥巾携琴又向姑蘇去誰
信朱門有逸人
吳山無此秀乘暇一游之萬
頃湖光裏千家橘熟時平看
月上早遠覺鳥歸遲近古誰
真賞白雲應得知
建炎四年庚戌季秋朔日贈
江淮招討史張俊
右軍都統制岳飛

张俊、岳飞致翁承勋信札

"吕纯阳渡海"诗[②] 王鏊十二能诗，在华严寺读书时，有学位官以吕纯阳渡海像求题。王鏊持笔疾书云："扇作帆兮剑作舟，飘然直渡海风秋。饶他弱水三千里，终到蓬莱第一洲。"先生们都夸赞说这孩子将来能成大器。

王鏊典试南省[③] 吉小乙是吴东峰的书童。王鏊诸生时与吴东峰一起在华严寺中

① 摘自《洞庭翁氏世谱》［清光绪七年（1881）翁先声等纂修］。

② 摘自清康熙翁澍《具区志》。

③ 摘自 1937 年叶乐天《乡志类稿》。

读书，小乙朝夕侍陪左右，抄写诗文。后来王鏊高中探花，历官翰林院十余年，而吴东峰屡试不中。明弘治五年（1492）王鏊典试南省，小乙以为主人吴东峰非元即魁。迨榜发，竟名落孙山。王鏊试事竣，旋归里省亲，小乙见之叩头，不觉伏地大哭曰："主人已归天，王老爷苦了我相公哉。"王鏊为之泪下，至吴东峰墓前恸哭，作愧知说以自责。

"天下穷阁老"的由来[①] 明嘉靖二年（1523）秋，东山米价腾涌，影响民食。一日，饥民600余人拥至王家求粮。家人吓得紧闭大门，准备报官。王鏊却打开大门，对饥民坦率而言："我田只200亩，租米收入，仅以赡家，何来余粮？然你等既来，不能不给，但得不多！"众言："王阁老能赐一餐之数，已感满足，岂得多求！"于是每人得一升米而去。次日，又来800多人，王鏊只得如昨日一样给予。第三日，却来男女近千人，王鏊向众讲明："米已发尽，今无他法，只给每人买一升米之钱发放。"众人听后，知王鏊所讲系实情，都很感动，后再也无人前去讨米。王府米已发尽，一时青黄不接，王家只得向村中大户人家借米渡过饥荒。阁老竟向邻里借粮，于是王鏊得了个"天下穷阁老"的名声。

沈周最后诗信[②] 王鏊致仕刚回到洞庭山家中，就致书派人到相城问候沈周。当时石田翁病重卧床，听到王文恪（王鏊）书信至，马上拆信一览。又令人扶起坐床上，要了纸笔写回信。无奈久病手腕无力不能运笔，让人把住他的手执笔而书，曰："黄鹤白云赡宰公，此机超出万人中。归来车马忙如海，先有闲怀问病翁。"使者未出户，石田遂卒，时年八十二。

唐寅书王鏊墓联[③] 东山陆巷西南梁家山，有明代文恪公王鏊墓，其墓左右有碑亭，中竖谕祭碑。墓道之前，架有巨石牌坊，墓柱上镌有对联曰："海内文章第一，山中宰相无双"。款署门人唐寅撰题。唐寅病故于明嘉靖二年（1523），而

明王鏊墓旧影

---

① 摘自清乾隆金友理《太湖备考》。

② 摘自1937年叶乐天《乡志类稿》。

③ 摘自《洞庭东山志》（上海人民出版社1991年版）。

王鏊卒于嘉靖三年。至嘉靖七年九月，朝廷派苏州知府胡缵宗主祭后始筑墓。唐寅比王鏊早去世一年，其联语从何而来？但墓柱上所镌之联，至 1966 年前尚存，可能是唐寅为先生王鏊所撰的寿联。

王禹声入祀名贤祠[①] 吴郡名贤总祠，位于苏州沧浪亭西，清道光八年（1828），巡抚陶澍、布政使梁章巨购张姓房屋改建，祀自周至清各代名贤 570 人，摹其真像于石，后人称之为“五百名贤祠”，东山叶梦得、吴惠、施槃、王鏊、席本祯均入祀祠中。道光十四年名贤祠又增祀 596 人，陆巷王禹声增祀名贤总祠内。

白沙坞陆逊墓[②] 东山白沙有陆逊墓，传者纷纭，难辨真伪。最先传出者是清代东山诗人翁非彦，曾作《陆逊墓诗》，序云：“顺治间，有某姓卜葬于白沙坞，定穴开圹得石椁，旁卧石碑，有‘东吴左丞相陆逊墓’八字。某大恐，急敛土填之，徙葬他处。不知陆逊何以葬此？竟不可考。某亦讳其事，不为声张。有孔石公者，是某之至戚也，亲见而述之。”此乃翁非彦听闻所得，非自己实地所见。陆逊系三国时东吴名将，字伯言，吴郡华亭（今上海市松江）人，出身江南士族，为孙策之婿，善谋略，官至丞相。死于官所，何会葬于东山？翁非彦诗序所云在白沙云云，很难为凭。

王朝忠米雕[③] 王朝忠，字蕴香，清代陆巷人。工书，而能在米粒上作数十字。好友索要其字，可立就书之。曾在一粒米上书唐诗“白日依山尽，黄河入海流”五绝一首，并志年月日及小石山人款。友人以微镜窥之，字画分明，洵称神奇。而《江南野史》所载，有人能在钱币上写《心经》、粒麻上写“国泰民安”四字，比之朝忠米书，仍不足为奇。

---

① 摘自《洞庭东山志》（上海人民出版社 1991 年版）。

② 摘自清乾隆金友理《太湖备考》。

③ 摘自 1937 年王季烈《莫厘王氏家谱》。

名人与名村

陆巷村历史上名人辈出，从北宋初年起，先后有叶氏、王氏、吴氏、严氏、姜氏等中原大族迁居陆巷，裔孙或为官，或经商，或从文，在宋、元、明、清四朝，陆巷村出了许多名官与名士。在列传人物中，莫厘王氏16人，遂单独归为一节。列传人物以生年先后排列。

◉ 莫厘王氏

莫厘王氏历史上有名臣、名商、名士 120 多人，代表人物有王惟贞、王鏊、王世琛等。近现代有中科院士和教授（包括教授级研究员、主任医师等）68 人，尤其是中科院院士王守武、王守觉兄弟及清华大学第一位女教授王明贞在全国有较大的影响。

王惟贞（1387—1439） 名王敏，彦祥三子，莫厘王氏 8 世明代著名商人，“钻天洞庭”商人集团早期代表，被后世经商者誉为商海中的“江湖客师”。王惟贞早年随父“出姑胥，入荆襄为贾”，经商过程中，他不断总结前人的经验，经过实践，独创一套经商之术——“有所藉而致富，非善理财者也；无藉而财自阜，斯谓之善理财”。意思是说，依靠祖上的钱财或借贷来的资金去经商，不是一位好的商人，而靠自身的财富积累去商贾，才能获得最大的成功。故“莫厘王氏世以居积，致产不訾（无法计算），中乃稍微，至惟贞复振其业，足见其术高明”。王惟贞病故后，东山状元施槃为他撰写《惟贞公阡表》，文中把他比作春秋时的大商人陶朱公（范蠡）、精于计算的晋国公子计倪。

王惟道（1390—1453） 名王逵，字惟道，莫厘王氏 8 世。明永乐年间（1403—1424），在陆巷村首办王氏私塾，改变了陆巷及东山子弟尚武轻文的习俗。东山子弟大多为南宋武人之后，不愿读书和从政。闻官府召县庠弟子员时（官校学生），恐惧逃匿，避而不出。王惟道独好读书，其学亦无所师授，完全靠自学成才。他曾经奔忙数月，历尽周折，设法得到一套朱子《小学》及四书，便晨夕诵读，领会书中精髓。又利用自己任万石长的条件，在西湖（太湖之西）得月亭办了一所私塾，凡村中子弟都可入学。开始学生不多，他说服家人与族中长辈，把自己的孩子都送入学校读书。时浦江郑氏家法闻名天下，他便前往郑家，求得郑氏《精义续编》，即与族人商议仿其规，作为学校的教材。又立王氏族规，凡族中子弟考中举人、进士均有银两奖励。明清两代，陆巷村中王、叶、李家族中的进士、举人大多在王氏私塾受过启蒙教育。

王鏊（1450—1524） 字济之，莫厘王氏 10 世。王鏊少时在东山华严寺读书，16 岁随父至京师国子监深造。明成化十年（1474）乡试、成化十一年会试俱第一，廷试第三，授翰林院编修。明弘治初年选为侍讲学士、少詹，后升任吏部右侍郎。明正德元年（1506），擢吏部左侍郎，入内阁，进户部尚书、文渊阁大学士，次年加少傅兼太子太傅，改武英殿大学士。时刘瑾专权，欲杀大臣韩文、刘健、谢迁，因王鏊“前后力救得

王鏊

免”。刘瑾权倾内外，气焰嚣张，于是王鏊在正德四年辞官归里。此后，朝廷大臣交相荐举，终不肯复出，家居14年。明嘉靖三年（1524）卒，赠太傅，谥文恪。博学多才，文章尔雅，鉴识精辟，善尚经术，使弘治、正德年间文体为之一变。《明史》有传。

王禹声（1543—1603） 又名王倬，字遵考，莫厘王氏13世，王鏊曾孙。明万历十七年（1589）进士，授工部主事，继为员外郎、郎中，擢升湖广承天知府，为官清廉，刚正不阿。在承天知府任上，朝廷税监到承天府钟祥县逼缴矿税，抄没民舍，掠劫资财，奸淫妇女，无恶不作，激起民变，后朝廷派重兵进行残酷镇压。王禹声不顾自身安危，同税监进行斗争，又就“阉党之祸”事件，两次书告朝廷，并主动解绶，辞职南归。不久，阉党阴谋败露，王禹声得到平反昭雪，擢升按察使副使兼湖广提督学政。万历三十一年卒于家中，赠光禄寺卿。清道光十四年（1834），王禹声被增祀入苏州沧浪亭吴郡名贤总祠中。

王世琛（1680—1729） 字宝传，号艮甫，莫厘王氏18世，王鏊第8世孙。清康熙五十一年（1712）壬辰科殿试第一名，状元及第。父亲王铨，康熙年间举人，官至给事中。王世琛幼时便聪明机灵，在家风的熏陶下，从小就养成了勤奋好学的习惯，少年时起边读经史，边习书法、绘画。博学多才，气质高洁。清乾隆《苏志府志》载其“风度恬雅，工诗文，兼善书画，得父笔法”。王世琛年轻时即以才名闻于乡里，并与江南名士交游。大魁天下后，始授翰林院修撰。清雍正初期，充任《实录》纂修官，不久晋升为翰林院侍讲、侍读学士。清雍正四年（1726），朝廷派他任山东学政。他尽心尽力“劝实学，斥浮伪，使青齐文风一变”。报之朝廷，迁至少詹事。雍正七年，世琛“视学未竣，以劳卒官”，年仅50岁，朝野官吏莫不为之惋惜。

王世琛

王颂蔚

王颂蔚（1848—1895） 原名叔炳，字芾卿，号嵩隐，莫厘王氏23世，王鏊第13世孙。清光绪六年（1880）进士，历任翰林院庶吉士、户部主事、补军机处章京等职。耿直清正，颇有政绩。中日甲午战起，随翁同龢入军机处，顶住压力，为战事做了许多备战工作。他发现备战过于仓促，对战事十分不利。指出军机处中竟无高丽地图，每遇奏报军情，“地名且不知所指，安有运筹帷幄，决胜千里之望乎？”后遇友人东游归，得日本所印地图，图中凡中国铁道、港口、电线等一切皆列。王颂蔚看后叹道：“日人谋之非一日，我乃临渴掘井，如何制胜？”继而清师失利，划地偿金。王颂蔚终至悲愤悒悒，于光绪二十一年忧国亡于京师。夫人谢长达，苏州振华女校创始人。破封建礼教，带头放女足、办女校。生季烈、季同、季点、季绪四子，季昭、季茝、季玉、季珊、季常五女。有孙儿女及外孙儿女守则、守竞、守融、守武、守觉、守泰、守恒等近50余名，多数是留洋高才生及中外科研教育领域的教授、研究员、高级工程师等。

王季烈（1873—1952） 字君九，别号螾庐，莫厘王氏24世，王鏊第14世孙，王颂蔚长子。进士、学者。清光绪三十年（1904）进士，初任学部专门司郎中，兼任京师译学馆监督，担任过清末资政院钦选议员。他在上海江南制造局译书时，曾编译过《普物电光》和《物理学》，这两本分别是国内最早介绍X光的译著和第一本大学物理教科书。1912年举家移至天津。先后创办华昌火柴公司、乐利农垦公司等实业。抗战爆发后，他不与敌伪合作，1942年返回吴门。回乡定居后，他闭门谢客，在家深入研究昆曲曲律理论，颇多创作。著有《螾庐曲谈》，辑有《集成曲谱》《与众曲谱》《正俗曲谱》和《度曲要旨》。

王季同（1875—1948） 字孟晋，号小徐。莫厘王氏24世，王鏊第14世孙，王颂蔚次子。清末民国初期数学家、机电学家和佛学家。国际数学界《王氏代数》的创立者。清光绪二十一年（1895），年方20岁的王季同毕业于京师同文馆。光绪二十八年，出版《积较补解》《泛倍数衍》《九容公式》等著作，是国内早期介绍西方数学的重要书籍。光绪二十九年，任《俄事警闻》日报主编，后又执教于蔡元培任职的北京爱国女校。清宣统元年（1909），派赴英国，任清政府欧洲留学生监督署随员，两年后转入英吉利电器公司和德国西门子电机厂研究实习，期间曾发明转动式变压器。清宣统三年

王季烈（右二）、王季同（左二）、王季点（右一）、王季绪（左一）四兄弟

（1911），在英国爱尔兰皇家学会会刊上发表了有关四元函数求微分法的论文，被后人称为“王氏代数”，是中国最早在国际刊物上发表数学论文的数学家。回国后，他先后在镇江大照电器公司、上海吴淞中国铁厂任主任及工程师，还参与在上海创办大效机器厂。1927 年应蔡元培所聘，任中央研究院工业研究所研究员。

王季绪（1882—1966） 字茧庐，莫厘王氏 24 世，王鏊第 14 世孙，王颂蔚四子。曾任北平工学院院长、天津北洋大学校长。早年就读于同文馆，后留学日本东京高等工业专科学校，毕业后前往英国剑桥大学求学，获硕士学位。归国后先执教于北平工业学院，任教授和院长等职，后至清华大学任教授。担任过天津北洋大学工学院教授、校长等职，期间还兼任黄河委员会委员、中国工程师学会理事。“九一八”事变后，为抗议国民党当局逮捕北洋大学进步学生，王季绪同进步师生一起进行绝食斗争，并通电蒋介石要求“停止内战，一致对外，进行抗日”。当局答应抗日后，王季绪才同师生一起进食。天津沦陷后，敌伪当局妄想利用他的威望，要王季绪与之合作，威胁引诱施尽阴谋，被王季绪严词拒绝。接着，王季绪回到了苏州老家隐居，在母亲谢长达创办的苏州振华女校任教。抗战胜利后，受洞庭东山旅沪同乡会的邀请，在故乡东山创办莫厘中学，教授物理，并兼任校长。

王季玉（1885—1967） 女，莫厘王氏 24 世，王鏊第 14 世孙女，王颂蔚三女。苏州振华女校（现苏州第十中学）校长、中国科学院植物研究所研究员。早年毕业于苏州

王季玉

景海女中，后考入美国麻省蒙特霍育克女子大学，获文学学士学位。继入美国伊利大学攻读植物学，获硕士学位。1917 年学成回国后，继承母志，任振华女校的第二任校长。1937 年苏州被日本侵略者侵占后，她一度把学校迁至东山翠峰坞席家祠堂内上课。抗战时期，她坚决不与敌伪当局合作，改名换姓，避居故乡东山时疫医院，成为一名化验员，以微薄的薪水维持生活。抗战胜利后，王季玉重任振华女校校长，直到 1953 年该校由苏州市人民政府接管。王季玉立志献身于教育事业，终身未婚。近一个世纪来，苏州振华女校为国家培养了大批人才。有医学家王淑贞、沈骥英、顾乃勤、彭大恩，物理学家何泽慧、何怡贞、胡淑琴，农业专家沈骊英，作家杨绛，还有学校唯一的男生，著名社会学家费孝通。

王淑贞（1899—1991） 女，莫厘王氏 25 世，王鏊第 15 世孙女，王季同长女。上海医科大学教授，著名妇科专家。第五届全国政协委员、上海市一至三届人民代表大会代表。1918 年毕业于清华学校，获中美庚子赔款奖学金赴美芝加哥大学留学，考取美国约翰斯·霍普金斯大学，获博士学位。1926 年学成回国后，在上海西门妇孺医院工作，历任医师、妇产科主任，兼任上海女子医学院教授。长期在上海从医从教和担任领导工作。历任上海医科大学教授、上海医科大学妇产科医院院长、上海医科大学妇产科研究所所长、中华妇产科学会副主任委员、中华医学会总会理事等。中国妇产科学的奠基人之一，她的一生为中国妇产科学做出了卓越贡献。早在 40 年代妇科内分泌学处于萌芽状态时，她就组织医生展开研究，开设内分泌门诊，建立实验室，开展临床应用，进行

上海医科大学王淑贞纪念碑

上海医科大学王淑贞塑像

妇科恶性肿瘤的普查普治和根治，疗效达到国际领先地位。1956 年，王淑贞从事产道异常的研究，取得了中国妇女骨盆外测量的正常数据，填补了国内空白。1958 年，她代表中国妇产科学界出席了苏联第十次全苏妇产科医师代表大会。1960 年，主编了第一部全国高等医药院校统一教材《妇产科学》，获 1977 年全国科学大会奖。

王守竞（1904—1984） 莫厘王氏 25 世，王鏊第 15 世孙，王季同长子。北京大学、清华大学教授和美国麻省工学院教授。著名物理学家、企业家和外交家，中央机器厂（今昆明机床股份有限公司前身）创始人，为中国机械工业做出巨大贡献。1922 年，考入清华学校留美预科班，入美国康奈尔大学，仅一年时间就获该校物理学硕士学位。继考入美国哈佛大学和哥伦比亚大学攻读文学与哲学，获文学硕士和物理学博士学位。1929 年学成归国后，先后在浙江大学、北京大学任物理教授。1933 年，受聘于国民政府军政部兵工署创办机械工业。1939 年成立中央机械厂，任总经理。1943 年，出任中国资源委员会驻美办事处主任兼驻美使馆科技主管。

王守竞

王明贞（1906—2010） 女，莫厘王氏 25 世，王鏊第 15 世孙女，王季同次女。清华大学历史上第一名女教授，中国著名统计物理随机过程专家。1932 年毕业于燕京大学物理系，获硕士学位。1938—1942 年，在美国密歇根大学物理系读研究生，后获博士学位。1943—1945 年，在美国麻省理工学院雷达研究院任理论物理组研究员，从事雷达研究。1947 年回国，在云南大学物理系任教授。后又两度赴美，在美国诺特丹姆大学任副研究员。1955 年归国后，一直在清华大学任物理教授。中国杰出的女物理学家，为培养中国物理人才做出了重大贡献。

何泽慧（1914—2011） 莫厘王氏 24 世，王鏊 14 世孙女，王季珊次女，中国科学院院士。1936 年毕业于清华大学，赴德国柏林高等工业大学技术物理系攻读博士学位，抗日战争爆发，她毅然决定选择实验弹道学专业。1940 年，发表《一种新的精确测量子弹飞行速度的方法》论文，在学术界获高度评价，获工程学博士学位。1940 年，入柏林西门子工厂弱电流实验室工作。后又得导师推荐到海德堡威廉皇家学院核物所工作，在玻特教授指导下从事初期性原子核物理研究。1946 年春，与钱三强在法国结婚，并同在约里奥・居里夫妇领导的法兰西学院原子核化学实验室和居里实验室工作。合作期间发现了铀核裂变的新方式——三分裂、四分裂现象。1948年，与丈夫钱三强一起回国，在北平研究院原子学研究所工作。1950年，中国科学院成立近代物理研究所，由何泽慧夫妇两人负责，还带着三名科研人员。1956年，成立以何泽慧为组长的“制备原子核乳胶”研究小组，不久便成功研制了达到国际水平的原子核乳胶，开创中国核乳胶的研究和应用。1958年，何泽慧出任中子物理研究室主任。1962年，钱三强出任中国原子能研究所首任所长，1964年何泽慧担任该所副所长。1965年春，在何泽慧的主持下，完成一系列的数据测试和截面测量项目，澄清了国外数据的分歧，提供中国自己的数据，为中国氢弹设计提供了参考指数，确保了设计方案的成功。1973年，中科院高能物理研究所成立，何泽慧担任研究所副所长。

何泽慧

王守武（1919—2014） 莫厘王氏25世，王鏊第15世孙，王季同三子。中国科学院院士，半导体科学奠基人之一，中国第一个半导体研究室、半导体器件工厂、半导体研究所和全国半导体测试中心的创建者。清华大学、北京大学、复旦大学、中国科学技术大学兼职教授。第三、四届全国人大代表，第五、六、七届全国政协委员。1941年春，毕业于上海同济大学机电系，至同济大学任教。1945年在美国普渡大学研究生院学习，获硕士和博士学位，与同学葛修怀结婚。1950年，王守武携妻子回国，被聘为中国科学院物理研究所研究员，筹建了中国第一个半导体研究室，任室主任。1956年，王守武应邀到北京京西宾馆参加由周恩来总理主持的“十二年科学技术发展远景规划”的讨论和制定工作。在所确定的57项重大科技项目中，半导体科学技术的发展，被列为四大紧急措施之一。1957年年底，王守武组织研究生产，成功研制出中国第一根锗单晶。1958年7月，与林兰英共同研制出中国第一根硅单晶。1960年，中科院半导体研究所成立，王守武任副所长，负责全部科研业务和开拓分支学科的研究工作。研制成功中国第一批锗合金管和合金扩散管，并成立激光研究室，全面组织生产。1963年起，他致力于砷化镓激光器的研究工作，创造简易的光学定晶向的方法，促进中国第一个砷化镓激光器的研制成功。1973年起，领导

王守武

研究半导体激光器中的高场畴动力学和畴雪崩现象。1978 年起，带领科技人员研究用国产的工艺设备和原材料，提高大规模集成电路的成品率。1979 年，获“全国劳动模范”称号。1980 年，王守武兼任中国科学院 109 工厂厂长，开展大规模集成电路的推广工作。

王守觉

王守觉（1925—2016） 原名守平，莫厘王氏 25 世，王鏊第 15 世孙，王季同四子。中国科学院院士，著名半导体电子学专家，半导体研究所研究员、所长，北京电子学会副理事长，中国计算机学会多值与模糊逻辑委员会名誉主任，浙江工业大学智能信息系统研究所所长，上海同济大学信息学院名誉院长。1937 年，随父母逃难至昆明，曾任建筑公司测绘员。仅读到初中的王守觉靠自学完成了高中学业，西南联大至昆明招生，他以高中同等学力考取同济大学本科。1949 年上海解放前夕，王守觉以优异成绩完成大学学业。先后在北平研究院镭学研究所、上海电器厂工作，参与中国第一个铁路自动装置的研制工作。1953 年，他调到第一机械工业部上海第二设计分局，获上海市劳动模范称号，参加了全国群英会。1956 年，调入中国科学院半导体研究室工作。1957—1958 年，被派往苏联科学院八所半导体研究所学习考察。回国后，研制成功了中国第一支高频晶体管，解决了当时计算机急需的晶体问题。1960—1963 年，他主持的中国第一批硅平面型晶体管研制成功，并投入生产，为“两弹一星”研究工作做出重大贡献。1963 年和 1964 年，获国家科委、计委联合评定的国家新产品一等奖和国家发明奖。1969 年，王守觉研制出中国第一台图形发生器，1970 年他又研制出中国第一批集成电路，先后获全国科技大会奖、国家科委新产品一等奖。2001 年，王守觉研制的“人工神经网络”获北京市科技进步一等奖。他还以个人名义在东山莫厘中学创办“王守觉希望奖学金”，对优秀学生给予表彰和奖励。

人物传略

陆巷叶氏、吴氏、黄氏等大族，历史上也名人辈出，尤其是叶氏，北宋叶参定居前巷（今名蒋湾）后，裔孙耕读传家，南宋和明清出进士、商人与文士多名，代表人物有南宋名臣叶梦得。近现代和当代，陆巷出教授、将军、作者、书画家、著名电影演员等 60 多人。

叶参（生卒年不详） 名元参，字少卿，陆巷北叶始祖，北宋浙江湖州人，致仕后携家定居陆巷前巷村（现蒋湾）。子孙散居陆巷山趾村之北，故称“北叶”。叶参是北宋刑部侍郎叶逵第三子。北宋咸平三年（1000）进士，始任刑部郎中，后任苏州知府三年，继迁广西提刑，负责修理石塘工程，勤于职守，事毕，受到朝廷褒谕。北宋明道二年（1033），以尚书刑部郎中再知苏州。北宋景祐元年（1034），任越州知府。景祐三年以兵部郎中改知渭州。终赠光禄寺卿、朝议大夫。

叶梦得

叶梦得（1077—1148） 字少蕴，号石林居士，南宋浙江湖州人，晚年归卧东山陆巷，陆巷嵩下村筑有石林公（叶梦得）祠。其次子叶桯定居并葬于东山，被尊为东山叶氏始祖。北宋绍圣四年（1097）进士，任丹徒尉，徽宗时任翰林院编修官。北宋大观元年（1107），蔡京再相，叶梦得向上进言立法之事，被朝廷采纳。大观二年，迁翰林学士，奏论士大夫朋党之弊，与蔡京在举贤问题上争斗。大观三年，以龙图阁直学士知汝州。北宋政和五年（1115），起知蔡州，发仓平粟赈民。南宋绍兴元年（1131），迁尚书左丞，起为江东安抚使兼知建康府和寿春等六州宣抚使。后历官户部尚书、观文殿大学士、崇信军节度使等。卒后赠检校少保。嗜学早成，工于诗词，风格接近苏轼，间有感怀时事之作。著述有《石林春秋集》《石林词》《石林燕语》《避暑录话》等。

叶祚（生卒年不详） 字应福，明代陆巷朱巷人。南叶细湖头派，叶孔澄次子。孔澄早年至燕地经商，家属随之迁居北地。明成化四年（1468），叶祚以武功左卫籍考中举人。成化五年中进士后，始为兵部车驾清吏司主事，在任上“悉心戎务，恭勤周慎，不旷厥官”，进阶承德郎，妻周氏受封宜人，朝廷特发敕命二道。因政绩擢福建布政使右参议，清廉勤政，深受百姓爱戴。为人过于耿直，未几，即辞官归里。同王鏊友善，成化十八年王鏊撰兴福寺重修记，叶祚受邀篆其额。善诗，大多取自神话题材，著有《银河谣》《天上曲》《九天雨》等诗。

黄训（1481—1514） 字季行，明代陆巷北望人。明正德九年（1514）进士。会试时，主考杨一清批卷见黄训文才出众，惊为奇才，擢为第一，授以京官，擢兵科给事中。黄训才高意广，不但文章写得奇伟宏壮，且品德高尚，风格不凡。他初任兵科要职时，“有武弁馈送千金，被拒却”。不久，黄训患病，数月前送礼的武弁，复携千金至病榻前，想以探病之名贿赂黄训，替他在兵部通关节。黄训厉责道："吾将死，岂以相污耶？"意思说，我将病亡，你仍不死心，还想来贿赂我，难道你要我不干净的去世吗？来者碰了一鼻子灰，没趣地走了。惜天不假年，黄训竟一病不起，是年卒于京师，年仅33岁，朝野惜之。后归葬北望故里，其墓尚存。

吴嘉桢（生卒年不祥） 字吉人，号源长，明代陆巷北望人。明崇祯十年（1637）进士，历官福建按察使佥事、福建分巡兴泉永兵备道副使。在兴泉任上，一次士兵捕获了13名强盗，上司定罪要杀其中的12人。吴嘉桢极力反对滥杀，认为这些所谓的强人，都是破产后无法生存的贫苦农民，应给他们悔过的机会。他在量刑时，除一名首犯治重罪外，其余都给了他们自新的机会，保全了12人的性命，却也得罪了上司，虽颇具政绩，却长期得不到升迁。崇祯末年，吏治腐败，社会动荡。吴嘉祯看透了官场的昏暗，挂冠归故里。他虽为官多年，归时却囊装萧然，家中也只有他"出山"时的老屋数间，且已难遮风雨，但他却泰然居之。一生诗作极富，著有《吴嘉桢诗集》。

叶灼棠（生卒年不详） 字函公，号嵩巢，清代陆巷纪革人，文武双全。从小随父亲外出经商，侨居六合，为江宁县诸生。清顺治十年（1653），由博学鸿词科入考，得中进士。历官内阁撰文中书、福建分巡兴泉永兵备道副使。时福建叛乱，清廷命定远将军进行讨伐，叶灼棠被选中监军，随军赴闽。他助定远将军谋划，出奇兵连克叛军阵地，擒魁首，余党解散，兴泉西郡遂平。因功提拔为兴泉兵备副使。在其任上，他肃清奸徒，加强海防，忠于职守，又捐俸济饥，使福建海防多年平安无事，颇具功绩。不久弃官归故，以山水、诗书为伴。著有《西清京稿诗文百集》《兴泉政略》等书。

叶廷琯（1792—1868） 字调生，晚号十如居士，陆巷白沙人，清代学者。他自幼聪明，弱冠时就才誉乡里，苏城有名。但他淡泊名利，潜心朴学，一生以考订经史为乐，工诗文，手揖数十家朋旧之诗，合辑为《蜕翁所见诗录·感逝集》付梓。家素封，精于鉴赏，所藏书籍碑拓字画，多失于庚申之乱。性旷达，敦古道，眷眷于乡土，其宅以"重见故山楼"所名。远祖宋代叶梦得著作甚丰，但到清代，遗著多散亡。遂与族人刻印《石林家训》《石林诗话》《石林词》诸书，亲自校勘精细，称为善本。一生著述甚丰，有《苔岑诗录》《忆存草》《劫存草》等。所批注《吴城日记》，是一本详细记载清兵占领苏州后暴行的书籍，在历史上有较大影响。

叶藩轩（1879—1934） 名锡蕃，字藩轩，陆巷粹和堂人，上海汇丰银行买办席正甫之婿。历任四川眉县知县、建昌府道尹等职。居官二十年，不苟取，不苟求，身后无余蓄。一生懿行，出为循吏，退则良民。1934 年 5 月，叶藩轩病危时仍握住长子手，泪嘱“在世日短，报国日长，物力维艰，丧葬务俭”。叶藩轩丧事惊动了南京国民政府和整个上海滩。林森、孙科、居正、于右任、宋子文、黄炎培、章炳麟、许世英，以及杜月笙、虞和德、王晓籁、杨虎等人，或亲赴陆巷，或快舟送达，或速发电报，都敬送了挽联。林森挽联题“循良矩范”，行政院长孙科题“明月前身，高风千古”，财政部部长宋子文题“勋德彰著……亦循吏亦儒林”，章炳麟题“德音是茂”，黄炎培题“高洁精能”，杜月笙题“今之循吏”，虞和德题“遗爱在民”。而民国老人王延松题的挽联，则总结了叶藩轩的一生及英年早逝的悲痛心情——“出为名宦，处为名儒，政绩巴蜀，财理湘吴。政声所树，古名吏风。化鹤归去，日黯山湖。”

叶藩轩

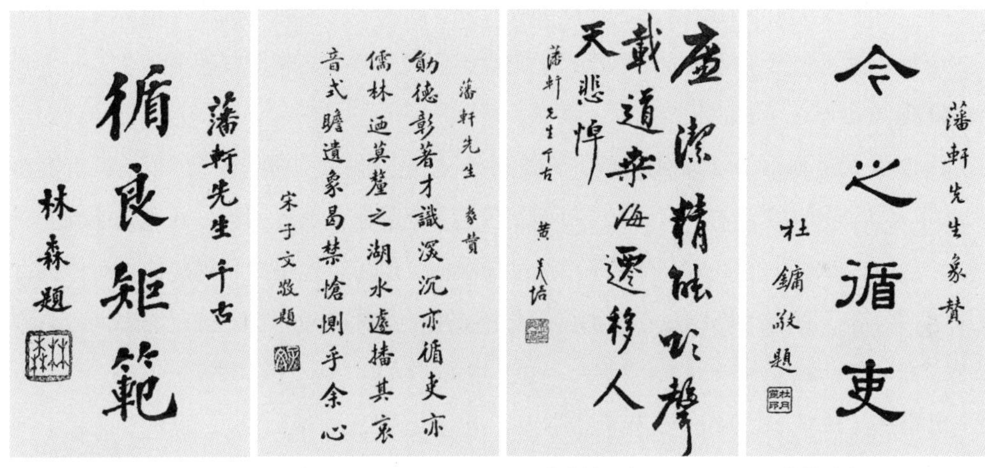

林森手迹　　宋子手迹　　黄炎培手迹　　杜镛手迹

许志行（1902—1983） 原名潘祖圣，家贫，幼年入赘许家，改姓许，名志行，陆巷北望人。近代作家、教师。生于北望村，7 岁时随母亲迁居浙江海宁县父亲处生活，18 岁时被家人送往湖南长沙一家五金店当学徒。1919 年 12 月中旬，许志行不满老板的欺凌，从店里逃出，沿途流浪，巧遇带队至北京请愿的湖南公民代表团团长毛泽东。随毛泽东他们同行，先到武汉，又一起搭乘长江轮到上海。后来毛泽东给了他 7 块银圆作路费回海宁家中。1920 年秋，许志行历尽周折，到长沙找到了

许志行

毛泽东，被安排在成人失学补习班读书，他生活与读书的一切费用均由毛泽东供给。并同毛泽民、毛泽覃一起学习。暑期中还随毛泽民、毛泽覃回韶山冲过暑假。1922 年，经毛泽东介绍，许志行和毛泽民、毛泽覃一起参加了社会主义青年团。许志行成人失学补习班读书毕业后，按毛泽东的安排，考取了浙江省第一师范学校，读书期间的生活费全由毛泽东负担。

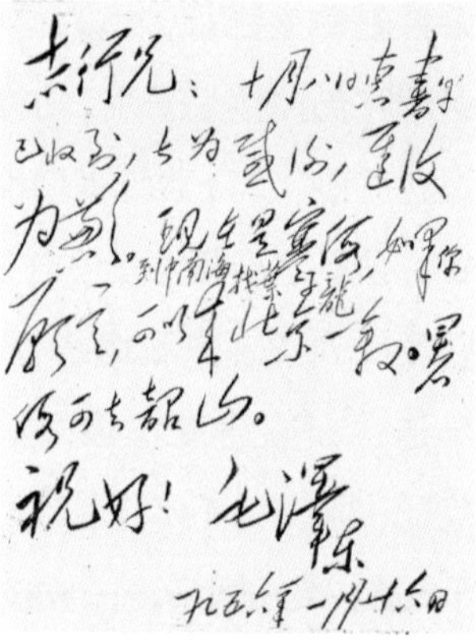
志行兄：十一月十日惠书已收到，甚为感谢，至设为荷。现在寒假，如得假，到中南海找叶子龙，可以来北京一叙。暑假可去韶山。
祝好！毛泽东
一九五六年一月十六日

毛泽东给许志行的亲笔信

1926 年春，许志行应毛泽东之邀离开学校到了广州，毛泽东把他安排在自己身边，担任宣传部交通局助理干事，负责上海交通局的联络工作。在此期间，他还到过第六届广州农民运动讲习所学习。曾任国民党中央党部秘书处机要秘书及秘书处共产党支部书记。1927 年 4 月，蒋介石在上海发动“四一二”反革命政变。许志行于 8 月离开武汉，到上海、杭州等地从事地下工作。1928 年回海宁继续从事革命活动，后同党组织失去联系，长期以教书为业，一直到全国解放。

1949 年 6 月 10 日，上海刚解放，许志行给已任党中央主席的毛泽东写信，汇报自己 20 年来从教、从文情况。10 月 25 日他就收到了毛泽东主席的回信，并邀请他到北京一游。之后，许志行连续五年同毛泽东通过 5 次信，毛泽东也每次亲笔复信，对他进行鼓励。1964 年，许志行因中风在上海师范学院退休。1983 年 6 月 11 日在沪去世，享年 82 岁。

叶衍庆（1904—1994） 陆巷惠和堂人。上海市第二医学院教授，骨科专家，中国首批享受国务院特殊津贴的医学教授。叶衍庆 1930 年毕业于山东齐鲁大学，继而出国深造，1935 年获英国利物浦大学骨科硕士学位。归国后，在上海一家医院工作，为患者治病，口碑极好。抗战期间，日本侵略者占领上海仁济医院后，强令院方与之合作。叶衍庆以民族大节为重，不顾日本侵略者威胁引诱，辞职奔赴抗战前线，救治负伤同胞。1948 年，他受聘于美国麻省总医院工作。新中国成立前夕，出于报效祖国之心，他辞去了国外的工作，1948 年回到上海。归国途中，路过香港，当地大学高薪聘请，他不为所动。中华人民共和国成立初期，叶衍庆响应祖国号召，放弃收入丰厚的门诊，加入上海市第二人民医院，从事医学科研工作。曾获得市长陈毅亲自签发的上海市卫生先进工作者光荣称号。1958 年上海市伤科研究所成立，叶衍庆任所长。20 世纪 60 年代中期，他和学生博士研究生陈中伟，成功完成了中国首例断肢再植手术。曾任上海市人大代表和市政协委员。

叶潞渊

叶潞渊（1907—1994） 陆巷惠和堂人。著名篆刻家、书画家。少时即喜书画篆刻。16岁拜师学艺。1936年在沪任银行职员。1956年，入上海中国画院任画师，擅画枇杷。兼任西泠印社理事、上海中国画院画师、上海书法家协会名誉理事、中国美术家协会上海分会会员。一生致力印学、精鉴别、勤考澄，为当今印坛巨擘。中国画《紫藤》入选1956年举办的“第二届全国国画展”。1963年应香港《大公报》之约，与钱君陶合撰《中国玺印源流》，后重版十数次，在日本译成日文出版。上海书画出版社出版的《静乐簃印稿》（1986年版），入选叶潞渊印作240余方。1990年，上海画店出版《叶潞渊印存》专集。晚年他将自己历年收藏的明清至民国时期流派印章150方及原拓名贵印谱120种捐赠给国家。

叶云乔

叶云乔（1914—1989），陆巷惠和堂人。国民党空军少将。1935年毕业于杭州笕桥空校，分配到空军作战部队南京基地。1937年日本侵略者兵犯上海，中国空军从笕桥机场起飞迎战，叶云乔驾战机飞临黄浦江上空，与日机激战，重创日军旗舰“赤云”号。激战中，叶云乔的座机被敌炮火击中，冒出了浓烟，他的腿部也受了重伤，流血不止。这时，机上还有数颗未投完的炸弹，飞机正处于上海市区上空，如果连机带弹坠落下去，必将造成大批无辜市民丧生的惨剧。他不顾自己的安危，竭尽全力把受重创的战机驾至郊外，然后弃机跳伞，被附近军民救起而脱险。抗战胜利后，叶云乔被国民政府授予空军少将军衔，享受中将级待遇。1948年携家定居美国。2003年10月，叶云乔家属一行数人从美国回到故乡东山，把12幅叶云乔生前的工作和生活照片捐给了东山陆巷景区惠和堂叶氏陈列馆。

程庆国（1927—1999） 陆巷惠和堂人（原籍浙江桐乡）。中国科学院院士、铁道部铁道科学研究院院长、俄罗斯运输科学院外籍院士、中国铁道学会常务理事，清华大学、浙江大学、西南交通大学、北方交通大学等高校兼职教授。1927年出于浙江桐乡

程庆国

崇福镇，2 岁时父亲病故，他随母亲叶氏回到东山陆巷外祖母家生活，在陆巷度过了童年和少年时代，14 岁考入苏州中学。1946 年程庆国高中毕业，同时考上了清华大学、上海交通大学和燕京大学。清华大学毕业后，被分配到甘肃天水西北铁路干线工程局，参加刚刚开始兴建的天兰铁路建设。1951 年，被派往苏联学习，在列宁格勒铁道学院读研究生。学成回国后，被分配到铁道科学研究院工作，先后参加了成昆铁路、湘桂铁路红水河大桥的建设。1981 年，任铁道科学院院长，主持了“大跨径铁路斜拉桥、悬索桥”“高速铁路运行系统动力学与运行控制”等国家和铁道部的重点科研项目。程庆国还担任上海黄浦江大桥、汕头海湾大桥、广东虎门大桥、江阴长江大桥、广东伶仃洋大桥、南昆铁路等重大工程的技术顾问和长江三峡西陵大桥工程总监。1979 年，被授予“全国劳动模范”称号。曾任中共十二大、十三大代表。

叶栋

叶栋（1930—1989） 陆巷惠和堂人，上海音乐学院教授，古谱学家、音乐理论家。1949 年考入国立音乐学院上海分院（现上海音乐学院）学习，1956 年以优异成绩毕业，并留校任教。他从 1964 年起，经过 10 多年的艰辛努力，于 1981 年率先将被世人称之为“音乐天书”的《敦煌曲谱》解译成现代五线谱，解译古谱 180 余篇。叶栋积劳成疾，在肺活量只有常人三分之一的情况下，依然插着氧气管坚持研究工作，直至生命最后一息。先后解译了一百多首隋唐古谱，写下了 100 多万字的唐乐古谱研究和曲式学等方面的论著，均具有十分重要的学术价值。他的科研成果被列入《中国音乐辞典》等多部中外辞书。译谱被国内外乐坛、舞台、影视广为传播。获首届上海文学艺术（音乐理论）奖、上海市先进教育工作者等多项奖励与荣誉。

◉ 名人与陆巷

沈周纪革品枇杷 沈周（1427—1509），明代画家，字启南，号石田，长洲（今江苏吴县）湘城人。擅画山水，兼工花鸟，画名甚大，形成“吴门画派”。与其学生文徵明、唐寅、仇英合称“明四家”。明弘治十年（1497）三月，有友人持王鏊《洞庭两山赋》文，至相城沈府求画。沈周见此“觉神思快爽，遂援笔为图”。是年五月，王鏊修书家中，邀沈周至东山一游。在陆巷白沙纪革，沈周品尝著名的白沙枇杷后，赠诗王鏊之父王琬曰：“谁铸黄金三百丸，弹胎微湿露溥溥。从今抵鹊何消玉，更有饧浆沁齿寒。”白沙枇杷自此名声大震，纪革枇杷闻名江浙。

唐寅与《王公出山图》 唐寅（1470—1523），明画家、文学家，字伯虎，一字子畏，号六如居士，吴县人。画入神品，“明四家”之一，兼善诗词曲赋，文辞敏快。有《六如居士全集》。唐寅是王鏊的门生，一生中多次到陆巷看望王鏊，留下诗画。明正德元年（1506）四月，王鏊父丧守孝期满返京，唐寅赴陆巷送行，为其作《王公出山图》，其图卷高 20 厘米，宽 73.3 厘米，用圆转细秀的笔法，真实生动的造型，画出了洞庭东山的峰峦、溪流、山道、林木，更刻画出了 56 岁的王鏊离山时正襟端坐车内，那种“春光还属白头翁”的喜悦心情，该画成为唐伯虎的传世精品。《王公出山图》珍藏于北京故宫博物院内。2002 年 8 月，王鏊嫡传第 15 世孙王守觉，向东山镇捐赠家藏《王公出山图》复件，镇里请画匠把该图仿制后制成屏风，置于陆巷惠和堂王鏊纪念馆内，成为陆巷古村的一处著名景观。

祝枝山与“一晚园” 祝枝山（1460—1526），名允明，字希哲。明代长洲人（今苏州）。弘治举人，官广东兴宁知县及应天府通判。与唐寅、文徵明、徐祯卿并称“吴中四子”。明弘治十五年（1502），陆巷纪革村儒商叶明哲新居“芝庭”落成，祝允明等友人前往庆贺。王鏊撰芝庭匾额，祝允明撰《芝庭记》，曰：“叶君明哲之新居，在太湖东之纪革。始迁而芝产焉，因自称芝庭主人。吾师天官守溪先生，为署二大字……”全文 368 字。当晚祝允明寓居叶明哲家，天亮后离开叶家时书“一晚园”赠友人，叶氏把“一晚园”三个字刻在三块方砖上，作为园额，以此为荣，并以叶氏一晚园称之。今一晚园砖额藏于吴中区文物管理委员会。在清初所建陆巷沙岭猛将堂内，所保存清碑上尚有叶氏一晚园捐资建庙的记载。

唐寅《王公出山图》

文徵明《东西两山图》

文徵明与《东西两山图》 文徵明（1470—1559），字征仲，号衡山居士，长洲人。官至翰林院待诏。“吴中四子”之一，有《甫田集》等。文徵明也是王鏊的门生，多次到陆巷拜访王鏊，留下不少诗画，最著名的是《东西两山图》石刻图。明弘治十年（1497），王鏊作《洞庭两山赋》，文徵明为之画《东西两山图》，后其赋、画均刻于石上，成为姐妹碑石。文徵明《东西两山图》碑，高 50 厘米，宽 25 厘米，其石刻画采用国画传统的散点透视的方法进行布景，整个画面遵循近大远小的基本原理。画卷的正中，是崇岗复岭的洞庭东山。稍上即为山峰连绵、孤立湖中的西山。四周浩瀚的太湖中，大小岛屿，或隐或现；点点白帆，隐藏于湖泊港渎之间。洞庭东西两山上，林木葱郁，万家楼阁藏于群山之间。此石刻图是文徵明画中的精品，文物价值极高。石刻的王鏊《洞庭两山赋》与文徵明《东西两山图》原砌在东山岱心湾刘氏传经堂壁间，1979 年传经堂坍塌，刚好杨湾轩辕宫修缮，这两块石刻碑便被镶砌在轩辕宫下城隍庙的墙壁间，成为东山的珍贵文物。

吴宽与《得月亭记》 吴宽（1435—1504），字原博，号匏庵，明长洲（现江苏吴县）人。明成化八年（1472）状元，官至礼部尚书。成化十四年，王惟道在陆巷湖滨筑得月亭，请苏城状元吴宽作记。吴宽在《得月亭记》中云：“往尝过友人王翰林济之，水行出胥口，烟雨满湖，初观山峰兀压水面，已而云气弥漫，忽疑其所在，扁舟茫茫，莫知所之。月出其间，雁鹜惊飞，鱼龙戏游，清风来而白露下，金波渺然，一望万顷。洞庭之东，有山对峙，其势若分，其脉则属，而竞秀于空明之际……”得月亭为陆巷明代著名景观，状元吴宽为之作记后，名声大振，游者不绝。清乾隆《太湖备考》载：“得月亭在陆巷湖滨，柱国王惟道筑，状元吴宽作撰亭记，吴中名士均登览以乐。”2012 年在陆巷南大门守溪街上，恢复得月亭，下遍植荷花，每到月明之夜，游客和村人都喜到亭中赏月。

王世琛与状元墙门 康熙五十一年（1712），莫厘王氏 18 世，王鏊第 8 世孙王世琛考中一甲一名状元，这是王氏家族也是陆巷村里出的第一名状元，对莫厘王氏家属乃至整个陆巷影响很大。事有凑巧，这年大年夜时，陆巷村王世琛外婆做了一个梦，有一个长须老者神秘地告诉她，明天年初一第一个登门来拜年的小辈将中壬辰科状元。外婆大年初一刚起身，外孙王世琛已候在门前给外公、外婆拜年。开始老人将信将疑，秋闱殿试后京城传来消息，王世琛果真考中了状元。外婆家立即请工匠造了状元墙，还做了一块“鼎甲先生”的斋匾挂在门前。陆巷村和王氏族里人的读书人都来庆贺，向王世琛讨教读书经验。一时陆巷村里读书成风，农家子弟也跟着学习。后来村里读书人赴南畿赶考前，都要到王家状元墙门前敬香参拜。陆巷村从清代康熙年间（1662—1722）起，有 5 人中进士，18 人中举人。历经 300 多年岁月，状元墙门牌楼已毁，但花翎巷里王世琛外婆家的住楼完整保存了下来，状元墙门为苏州市吴中区文物保护单位。

李根源绿阶山庄看友人 李根源（1879—1965），字印泉，云南腾冲人。1929 年农历五月十九至二十八，至洞庭东山访古十天。五月二十日，李根源至陆巷村访友人叶藩轩，宾主游览绿阶山庄，品尝白沙枇杷。阶绿山庄是叶氏粹和堂的后花园，筑在宅后小山上，可南览嵩山，北眺太湖，景色优美。李根源在《吴郡西山访古记》中载道：“二十日……游叶氏绿阶山庄，依山结构，石磴纡曲，坐一枝庐香，湖气岚光，荡漾帘幕间。阶下，槜李方熟，凌霄正作花，主人叶藩轩君锡蕃，以甓储之枇杷一盘见饷，尽量啖之，芳香可口。余曰：‘一枝香庐当易名一盘香炉，相与解。’”绿阶山庄现已辟为游览景点，“一枝香庐”为主要景观。

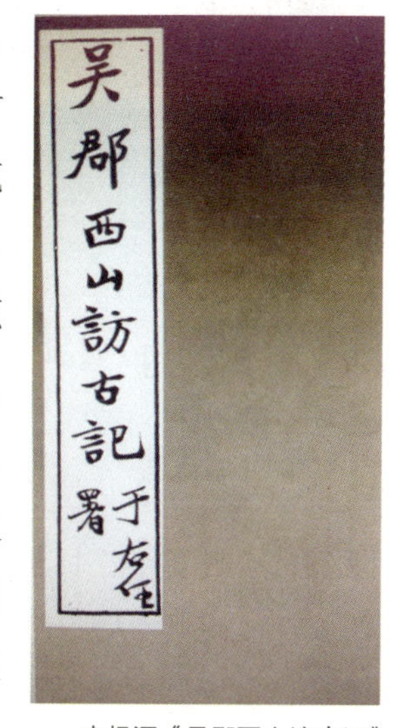

李根源《吴郡西山访古记》

席启荪开办寒山码头 席启荪（1879—1943），名裕昆，东山翁巷村人。早年至沪习钱业，后历任沪地鼎盛、鼎元、荣康等钱庄经理。在东山席家湖头仿无锡蠡园，建造启园。1931 年，席启荪辟建外湖轮船航线，并在陆巷寒山筑造码头。轮渡每日对开，一自陆巷绕道西山镇夏，出胥口经木渎，达苏州阊门；一自苏州经西山至陆巷寒山码头，结束了陆巷闭塞的环境。

朱恩馀捐建陆巷小学 朱恩馀 1932 年生于上海，幼年曾在苏州外祖母家生活，故乡情深。1988 年春，他遵父命到东山华侨公墓安葬祖父朱幼山，同东山结下不解之缘，

朱恩馀（右）捐建陆巷小学

利用其在港创立的“善源教育基金会”经费，多次捐助东山的教育事业。陆巷小学从1951年起一直办在惠和堂内。1998年6月，朱恩馀捐款50万元，在村旁建造新的陆巷小学。1998年10月30日动工，1999年5月25日竣工。新建的陆巷小学拥有1幢2层的教学楼，10间教室，学校占地面积6600平方米，建筑面积837平方米，校园绿化面积1700平方米，环境优美，设施齐全。2000年10月，新校舍接受吴县市教委验收，被授予为苏州市合格小学称号。2002年10月，原陆巷小学校舍惠和堂经镇村投资，全面修缮后辟为陆巷古村第一个旅游景点。

陆巷历代进士一览表

表3

姓名	字、号	科份甲第
叶　祚	应福	明成化五年（1469）己丑科三甲一百二十五名
王　鏊	济之、守溪	明成化十一年（1475）乙未科一甲三名探花
黄　训	季行	明正德九年（1514）甲戌科二甲二十六名
王禹声	遵考	明万历十七年（1589）己丑科二甲五十二名
吴嘉桢	吉人	明崇祯十年（1637）丁丑科三甲三十七名
王元位	升揆	清康熙四十二年（1703）癸未科二甲三十三名
王世琛	宝传、艮甫	清康熙五十一年（1712）壬辰科一甲一名状元

续表 3

姓名	字、号	科份甲第
王奕仁	鲁公	清康熙五十二年（1713）癸巳科二甲十七名
王仁照	寿徵	清道光三年（1823）癸未科三甲四十名
叶　申	应时、鉴庵	清乾隆七年（1742）壬戌科三甲一百七十二名
王关伯	震西	清乾隆十九年（1754）甲戌科三甲十三名
王泳春	绍曾	清咸丰九年（1859）己未科一百六十二名
王淑岱	觐东	清光绪二年（1876）丙子科八十五名
王颂蔚	芾卿	清光绪六年（1880）庚辰科二甲七十四名
王仁俊	捍郑	清光绪十八年（1892）壬辰科二甲七十三名
王季烈	君九	清光绪三十年（1904）甲辰科二甲一百十名
王　桢	守愚	清宣统三年（1911）辛亥科

陆巷历代举人一览表

表 4

姓名	字、号	中举年科	官职
叶　廉	宗俭	明永乐元年（1403）癸未科	江西上饶知县
叶　宽	志洪	明景泰七年（1456）丙子科	福建侯官县知县
姜　节	均修	明嘉靖四年（1525）乙酉科	江西南康府知府
叶　汉	云卿	明嘉靖十年（1531）辛卯科	湖广蒲圻县知县
叶宗直	师皋	明万历七年（1579）己卯科	北直隶威县教谕
陆万里	季鹏	明万历二十八年（1160）庚子科	县学拔贡
王祚新	君胄	明万历四十六年（1618）戊午科	浙江庐州府教授
王国宠	文泉	明万历年间	未仕
叶联芳	阳谷	明万历年间	刑部员外郎
叶万郡	曦升	清康熙二年（1663）癸卯武科	未仕
王　铨	东发	清康熙二十九年（1690）庚午科	礼科给事中
王德修	用仪	清康熙四十一年（1702）壬午科	考授中书
王　玮	韦玉	清康熙四十七年（1708）戊子科	光禄寺署正
王珠渊	长源、涵涛	清康熙五十三年（1714）甲午科	浙江全淑县教谕
王廷谕	颖含	清康熙五十三年（1714）甲午科	未仕
陆　艺	菽旆	清雍正七年（1729）己酉科	浙江钱塘县学
王恺伯	叙揆	清雍正十三年（1735）乙卯科	四川宁远府知府
王世琪	说严	清乾隆十二年（1747）丁卯科	安稳宣城教谕
王　谆	元音	清乾隆十五年（1750）庚午科	陕西定边知县
王诵芬	千里	清乾隆十二年（1759）乙卯科	云南宜良、浙江开化知县
叶介明	—	清乾隆二十七年（1762）壬午科	内阁中书
王莹伯	玉山	清乾隆四十三年（1778）庚子科	安徽凤阳县教谕
王芑孙	念丰、惕夫	清乾隆五十三年（1788）戊申科	上海华亭县教谕

续表 4

姓名	字、号	中举年科	官职
王凤韶	廷采、南宅	清嘉庆六年（1801）辛酉科	常州靖江县教谕
王　庚	帮直	清嘉庆十三年（1808）甲子科	广西归顺州知州
叶本礼	修耕	清嘉庆十五年（1810）庚午科	国子监学正
王仲清	少梁	清嘉庆十五年（1810）庚午科	山东清平县知县
王承楷	石琴	清道光十一年（1831）辛卯恩科	浙江温州知府
叶绍闻	昭甫	清道光十五年（1835）恩科	溧水县训导
王熙源	汉槎	清道光十九年（1839）己亥科	上海松江娄县教谕
叶祥源	道源、心渠	清同治九年（1870）庚午科	未仕
王拱裳	叔曾	清光绪二年（1876）丙子科	河南正阳县知县
叶梦熊	子范	清光绪十五年（1889）己丑科	江苏沛县、淮安桃源训导
王季点	希琴	清光绪三十二年（1906）奖给工科	农工部主事
王颂贤	叔辰、拱之	清宣统元年（1909）己酉科	邮传部主事

陆巷院士、教授（研究员）一览表

表 5

姓名	性别	生卒年	职称、职务
王季同	男	1875—1948	京师同文馆教习（教授）中央研究院研究员
王季点	男	1880—1966	京师大学堂提调（物理教授）
王季绪	男	1881—1966	北洋工业院院长，天津大学校长、教授
王季玉	女	1885—1967	苏州振华女中校长、南京科学院植物研究所研究员
王守则	男	1897—1960	西安建筑冶金教授、系主任
王淑贞	女	1899—1991	上海医科大学妇产科医院教授、院长
王守竞	男	1904—1984	中国机械工业创始人，北京大学教授、清华大学教授、物理系主任
王明贞	女	1906—2010	清华大学物理系教授
叶衍庆	男	1906—1994	上海医科大学教授、博士生导师，享受国务院特殊津贴
王已千	男	1907—2003	上海美术学院教授，著名收藏家、鉴定家、画家
王守泰	男	1908—1991	南京工学院动力系教授、昆曲理论家
叶衍增	男	1911—2012	山西医科大学教授、公共卫生教育家
王守恒	男	1912—1988	上海科技大学教授、上海化工学会副理事长
何泽慧	女	1914—2011	1980 年获学部委员（院士）称号，中科院高能物理研究所所长
王守融	男	1917—1966	天津大学光学仪器系教授、系主任
王　立	男	1917—1997	第五机械工业部副部长、教授级高级工程师
王季霆	男	1917—1966	铁道部专业设计院桥梁所教授级高级工程师
王义润	女	1917—2015	北京体育大学教授、博士生导师，享受国务院特殊津贴
王守武	男	1919—2014	1980 年获学部委员（院士）称号，中科院微电子中心半导体研究所所长、研究员
王义根	男	1922—	哈尔滨船厂镇江柴油机厂教授级高级工程师
王靖华	女	1924—	杭州化工研究所教授级高级工程师

续表 5

姓名	性别	生卒年	职称、职务
王义强	男	1924—	上海水产大学教授、硕士生导师，享受国务院特殊津贴
王守觉	男	1925—2016	1980 年获学部委员（院士）称号，中科院半导体研究所所长、研究员
程庆国	男	1927—1999	1993 年获学部委员（院士）称号，铁道科学研究院院长、研究员
王义镛	男	1928—	北京轻工业设计院教授级高级工程师，享受国务院特殊津贴
王季卿	男	1929—	上海同济大学教授、博士生导师
王守辰	女	1929—	北京医学院公共卫生系主任医师、教授
叶　栋	男	1930—1989	上海音乐学院教授、古谱学家
王钰英	女	1931—	南京第一医学院教授
王义端	男	1932—	北京轻工业学院教授、院长、党委书记
王爱霞	女	1932—	北京协和医院教授
叶世源	男	1932—	上海同济大学教授
王宝善	男	1933—	南京雷达研究所研究员，享受国务院特殊津贴
叶　明	男	1934—	上海药物研究所气功研究所主任医师、教授
王季裕	男	1936—	武汉纺织工业局教授级高级工程师
王守坦	男	1937—	北京地质学院教授、研究所所长
王义行	男	1937—	吉林工业大学教授，享受国务院特殊津贴
王　忆	女	1939—	清华大学外文系教授
叶衍智	男	1939—	山东青岛医学院教授
王季钢	男	1945—	苏州大学教授
王义豪	男	1946—2015	河北省社会科学院研究所教授、副所长
叶经方	男	1950—	南京理工大学教授
王东来	男	1964—	苏州市立医院主任医师、教授、副院长

陆巷雪景

大事纪略

东周末年，吴国在陆巷村西南湖畔筑南望、北望哨，以观察越军动向，形成最早的村落。南宋初，一批护驾南渡的官兵迁居该地，他们依山架屋，临湖筑巷，宋元之际建成六条巷子，故名陆巷。历史上，陆巷名宦与名商众多，他们大多颇具政绩与业绩，并同生养他们的古村血肉相连，晚年回归故里，大兴土木，建造宅第，促进了村落的发展。新中国成立后，陆巷也发生了不少大事要事。现列举的古今大事只是陆巷村历史长河中几朵浪花。

◉ 陆巷村筑造始末

元至正年间（1341—1368），东山王巷青年王彦祥入赘陆子敬家为婿，同妻子陆素贞生有惟善、惟德、惟贞、惟道、惟能五子，皆生得魁梧奇伟，一表人才。五兄弟根据各自的专长，或从政，或商贾，或行医，或农耕，戳力治生，均取得成就，家庭和睦兴旺。明弘治年间（1488—1505）所编纂《伯英公墓表》云：“先大父讳彦祥，字伯英。曾祖讳兴宗，祖讳仲达，考讳廷宝。王氏世家吴县太湖东洞庭之王巷，王氏于元时皆不仕。元季比巷有陆子敬者，游淮西，值兵乱，莫知所终。遗孤女慧而孝，因馆大父。以后子敬氏，陆富宗强，大父旅其间，和而有礼，上下宜也。”明洪武初年，王彦祥率子归宗，离开陆氏家族，在王巷村旁另建造房屋定居。《伯英公墓表》称：“斩草莽，披瓦砾，与诸子戳力治生，数年而家业大昌，今王氏所居，则其地也。”后来王氏家族子孙兴旺，繁衍成村。据说始名陆王村，以示不忘陆氏恩德，后来演化成陆巷村。另有一说为因村里有六条巷子，得名陆巷村。

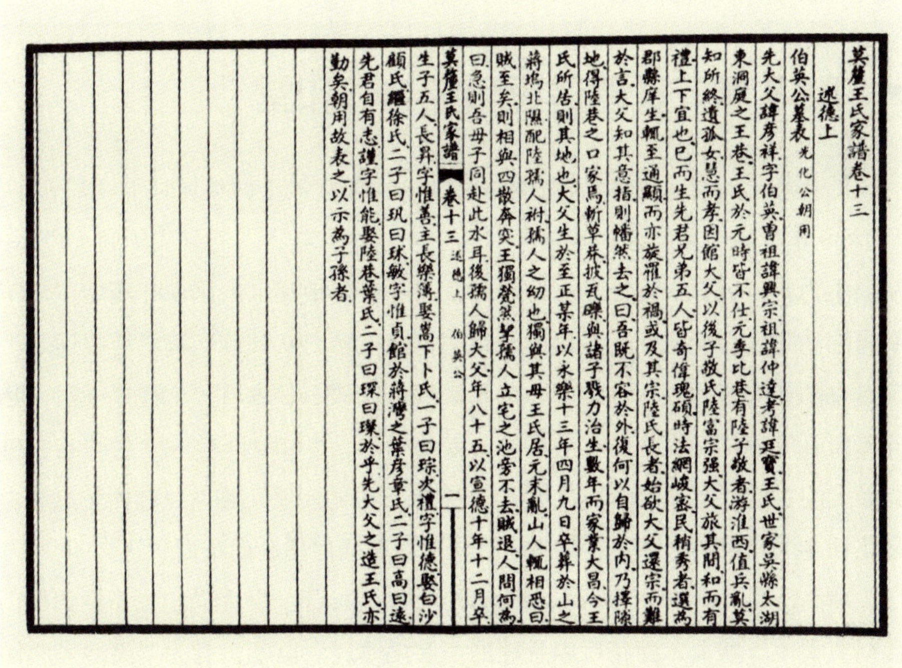
莫釐王氏家譜卷十三
述德上
伯英公墓表 先化公朝用
先大父諱彥祥字伯英曾祖諱興宗祖諱仲達考諱廷寶王氏世家吳縣太湖
東洞庭之王巷王氏於元時皆不仕元季比巷有陸子敬者游淮西值兵亂莫
知所終遺孤女慧而孝因館大父以後子敬氏陸富宗強大父旅其間和而有
禮上下宜也已而生先君兄弟五人皆奇偉瑰碩時法網峻密民稍秀者選爲
郡縣庠生輒至通顯而亦旋罹於禍或及其宗陸氏長者始欲大父還宗而難
於言大父知其意指則幡然去之曰吾既不容於外復何以自歸於內乃擇隙
地得陸巷之口家焉斬草萊披瓦礫與諸子戮力治生數年而家業大昌今王
氏所居則其地也大父生於至正某年以永樂十三年四月九日卒葬於山之
蔣塢北隅配陸孺人祔孺人之幼也獨與其母王氏居元末亂山人輒相恐曰
賊至矣則相與四散奔竄王獨煢然挈孺人立宅之池旁不去賊退人問何爲
曰急則吾母子同赴此水耳後孺人歸大父年八十五以宣德十年十二月卒
莫釐王氏家譜 卷十三 述德上 伯英公 一
生子五人長昇字惟善主長樂簿娶萬下卜氏一子曰琮次禮字惟德娶白沙
顧氏繼徐氏二子曰巩曰球敏字惟貞館於蔣灣之葉彥章氏二子曰高曰遠
先君自有志謹字惟能娶陸巷葉氏二子曰琛曰璨於乎先大父之造王氏亦
勤矣朝用故表之以示爲子孫者

《伯英公墓表》

◉ 1762 年创立翁氏义庄

清乾隆二十七年（1762），翁大业在白沙村二图里娄仁坊创办翁氏义庄，出资赡养族中孤寡老人及供家中困难子弟读书，这是东山后山历史上建的第一座义庄。清光绪郑言绍《太湖备考续编》云："义田以赡族，始于赵宋，范文正公后世遂循行，吴中蔚为风气，使孤寡得以养，亲而仁，民之大义也。"还记载"东山建办义庄，始于席氏，明崇祯末年席本桢始立，而后山义庄，始于陆巷翁氏，大业以经商致富，晚年归里，置田百亩"，将每年收取的租米用于赡养族中孤寡。临终翁大业留下遗嘱："义庄不可废，吾子孙需光大。"清嘉庆初年，翁大业之孙翁新熙又捐田 520 亩，扩充义庄之资；清同治年间（1862—1874），族裔翁大本又捐田百亩扩大义庄，使翁氏义庄田达 608 亩。对陆巷翁氏建义庄之举，东山太湖厅旌建乐善好施坊以表彰。

席、翁始办义庄后，陆巷及后山其他家族亦起而效仿。清道光初年，杨湾湖沙徐春帆置田 824 亩，建徐氏义庄；道光年间（1821—1850），陆巷莫厘王氏置田 815 亩，建王氏云津堂义庄；清光绪三十年（1904），叶翰甫捐田 1000 亩，建办叶氏务本义庄。

◉ 1888 年叶氏建造惠和堂与粹和堂

清道光十八年（1838），陆巷惠和堂与粹和堂竣工，共耗时 11 年。这两座建筑是 1838 年官商叶藻所建。叶藻，字是京，陆巷前巷人，清嘉庆年间（1796—1820）在朝中为官，后弃官经商，大发其财，回陆巷购地建宅。据说叶藻始建宅第时，同原居陆巷的几户大族发生了纠纷，无法把建宅材料从陆巷、蒋湾港中运至工地。叶氏遂在陆巷港旁雇人另开辟了一条叶家港运载砖石、木料。工程完工后，叶家又用碎砖断瓦等建筑材料把叶家港填平，栽种橘树。惠和堂与粹和堂是陆巷古村两座面积最大的古宅，建筑面积共有 4027 平方米。中间隔着花翎巷，巷西是惠和堂，巷东是花翎巷。其中，惠和堂有三路建筑，一百多间房屋，建筑面积达 2043 平方米。大厅正中高悬的"惠和堂"匾额，寓意"给人恩惠，世代和睦"。厅堂两边侧门上分别砖刻有磐鸿、燕翼，而花厅中悬挂的"笑鸿草庐"匾额，意为"笑迎多鸿儒，往来无白丁"。惠和堂 2002 年起被辟为王鏊纪念馆对游人开放。粹和堂建筑面积 1984 平

惠和堂

粹和堂门楼　　花翎巷南巷　　花翎巷北巷

方米，四周围有高耸的院墙，形成一个封闭的大庄园。其宅单体建筑可分为中、东、西和西侧附房四路。四路主体建筑之间有东西备弄相通，每进单体建筑之间有天井、

南阳小学旧址

塞口墙相隔，形成独立的小宅院。粹和堂 2012 年起逐年修复，作为古村陆巷又一标志性建筑对外展出。

◉ 1933 年创立朱巷南阳小学

1933 年，朱巷叶氏宗祠内办起了一座学校，名为南阳小学，凡村中子弟无论有钱与否均可入学，共有 80 多名学生。朱巷村位于陆巷之西，地势偏僻，向无学堂，后山一带儿童读书较难。陆巷山趾村人叶仲嘉少年时赴沪经商，取得成就，捐资在叶氏宗祠内建南阳小学，自任校长。叶仲嘉，名裕亨，幼年家贫，及长自奉俭约，经商勤奋起家。商贾致富家有积蓄后，生活仍极为俭朴，一生唯以服务社会，造福桑梓为职志。1934 年夏天，叶仲嘉病危，临终把办学之任又托付给胞弟叶涤芳，嘱其弟继任校长，把南阳小学继续办下去。中华人民共和国成立后，南阳小学并入杨湾小学。

◉ 1976 年建立吴县果树试验基地

1976 年 4 月，国家农委、科委在陆巷村战斗（今白沙）、红旗（今含山）村建立农业现代化综合科学实验基地，简称吴县果树试验基地。初建时仅 10.5 亩试验果园，后逐步完善，增加到 118 亩。主要研究培育柑橘、枇杷等新品种。有高级农艺师 1 名，农艺师 6 名，助理农艺师 1 名，白沙、含山村果技员 4 名，职工 22 名。吴县果树试验基地具有较强的科研、创新、开发能力，经过不懈努力，收集、保存了一批果树资源，选育与推广了一系列名特优果树新品种，如白玉、冠玉白沙枇杷，宫川、兴津、市文等早熟温州蜜橘，并起到指导东山及吴县果品生产发展的作用。其中陆巷村受益最多，由于对果树实行修剪、喷药治虫、匀花蕾等科学管理，加上发展了白玉、冠玉等新品，陆巷花果总产量大大提高。1976 年含山村花果总产量 120.8 万千克，1979 年增加到 187 万千克。1976 年白沙村枇杷产量 1550 千克，1979 年增加到 2250 千克。至 2000 年，东山全面推广发展了白玉、冠玉等枇杷新品，栽种面积占全镇总面积的 70% 以上。1980 年后迁至东山西泾山，更名江苏省太湖常绿果树技术推广中心，直属省农业厅领导。

◉ 1984 年建办江苏省湖羊养殖保护区

1984 年 8 月，由江苏省政府牵头，省农林厅畜牧局、南京农大畜牧系、省农科院畜牧所、苏州市畜牧兽医站、吴县市多种经营管理局等单位在东山陆巷白沙、北望等村成立以农户为主的纯湖羊种保护区，设领导小组、技术组、管理组，办公地点在陆巷白沙村。

湖羊是太湖流域饲养历史悠久的绵羊品种，也是中国珍贵的家畜资源。80 年代初

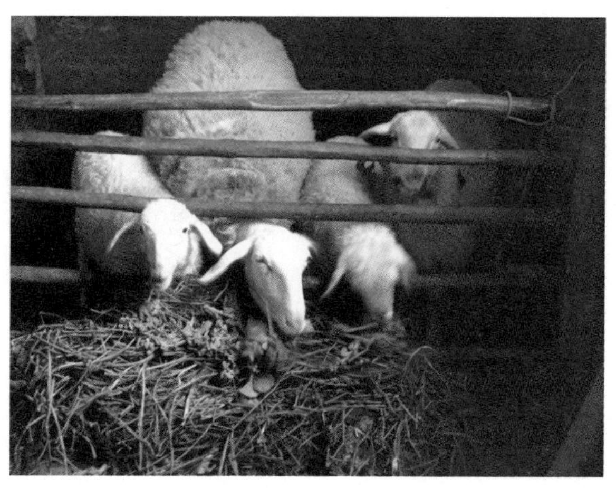

保种母湖羊

期由于湖羊价格及其他因素，湖羊饲养数逐年减少。为保护湖羊品种，避免湖羊种群不纯，吴县人民政府颁布《关于禁止任何绵羊进入东山湖羊资源保护区》的通告，并制定加强保种管理措施。保护区与群众养羊户签订保种合同，开始对公羊每只每年补贴70元、母羊补贴12元，后提高至每年每只公羊补贴300元、母羊补贴200元。

保护区建成后，由于不断加强湖羊保种力度，扩大种羊规模，保护区种羊不断增多。1996年，中心保护区内有保种羊160只，其中，公羊40只，母羊120只。到1998年年底，保种羊规模已达250只，其中，公羊50只，母羊200只。种羊规模的扩大，有效地防止了近亲交配，对提高湖羊品质起到促进作用，增加了湖羊饲养量，保住湖羊基因库。至1999年年底，陆巷白沙、北望等保护区内湖羊存栏数已达2.8万只，平均每年增加5000只左右。湖羊圈存数的增多致使羊灰肥也大大增加，促进了花果生产。同时，新疆维吾尔自治区、上海、河南、淮阴、南通等地纷纷到东山湖羊保殖区引进良种饲养，1983—1998年共对外推广良种湖羊1626只。

◉ 1994年在北箭壶岛拍摄电影《摇啊摇，摇到外婆桥》

1994年8月，上海电影制片厂导演张艺谋带着演员巩俐和剧组等其他人员到东山为电影《摇啊摇，摇到外婆桥》拍摄选景，并选中了陆巷北箭壶岛为主要外景拍摄基地。

据说张艺谋最早定的拍摄地是周庄，但拍摄不顺利，后来又来到东山，效果非常

北箭壶岛拍摄场景

好。电影改编自毕飞宇的小说《上海往事》，由张艺谋执导，巩俐、李保田、李雪健等主演。摄制组在北箭壶岛上搭建摄影棚工作 25 天，拍摄了大量镜头。1995 年，电影成功上映后，获 1996 年第 68 届奥斯卡金像奖最佳摄影奖。

北箭壶岛因张艺谋、巩俐在岛上拍摄了电影，又被称为“巩俐岛”。后又相继拍摄了《草房子》《画魂》《水月洞天》等影视剧，成为陆巷村一处著名的旅游点。

◉ 2003 年白沙、含山、北望三村合并

2003 年 11 月，东山镇原 30 个行政村合并成 12 个行政村，原白沙、含山、北望 3 个行政村合并成陆巷行政村，辖头图、二图、十六图、纪革、惠头、寒山、陆巷、蒋湾、新山、嵩下、严芒、山趾、大河、朱巷、南望、塔头、岭下、石前、上伍、北望、王舍、店门 22 个自然村，区域面积达 7.19 平方千米。村部设在陆巷村口环山公路南侧。

◉ 2007 年陆巷村入选中国历史文化名村

2007 年，陆巷村入选住房城乡建设部和国家文物局公布的第三批“中国历史文化名镇（村）”名单。2008 年第三次全国文物普查，陆巷村保存较为完整的明清建筑有 35 幢。其中，明代建筑 17 幢，清代建筑 14 幢，民国时期建筑 4 幢。还保留有明代古牌坊 3 座，以及古港、古巷、古井等一批明清遗存。

中国历史文化名村牌

雪后陆巷

附录

莫厘王氏为村中望族，这个家族从南宋建炎年间，千七将军迁居陆巷村后，一直到清末，人才辈出，其中明清两代出过状元、阁臣和数十名七品以上的官员。近现代和当代，出了大量教授、研究员等高级知识分子。古今以来，王氏家族在文学、园林、书画艺术及近现代科技、教育领域都取得了很大的成就。《东山莫厘王氏发展轨迹》一文，较为详细地记载了这个家族的发展脉络。

附录还收集了陆巷22个自然村中2016年年底年收入高、中、低不同参数的代表性村落3个，就村中年经济收入构成、全年消费支出项目进行分析对比。

◉ 东山莫厘王氏发展轨迹[①]

概述

王氏是东山最具代表性的科举官宦世家，被誉为“宰相阁臣故里，院士教授摇篮”。始迁祖千七将军，南宋初自开封迁居吴县洞庭东山，辟建古村王巷与陆巷。明代中期后散居苏州、常熟、吴江及上海、北京、浙江、安徽、江西、贵州等国内各地。现东山王姓人口 2045 人，在东山 285 个姓氏中列第 7 位。

洞庭东山王氏家族是明清以来苏州著名的世家大族之一，宋靖康年间有百八公者，生千七将军，护驾南渡，始家洞庭东山。和东西山多数家族一样，王氏初到东山时为武将，然后以经商起家，最后以科举显名，正如近代王季烈所言：“我家迁吴以来，初为武臣，继而服贾。迨我十六世祖惟道公始令子弟读书，及文恪公而大显于世。”该家族的发展脉络极为清晰，在东西山家族的发展史上具有典型意义。

虽然王氏家族在商业上也取得了不少成就，涌现出了不少有名的大商人，如明代正统年间王鏊的叔祖王惟贞“自小历览江湖，深谙积著之术，故江湖豪侠，尊为客师，至今言善理财者，必曰惟贞公”。近代东山王氏中的王宪臣也是上海著名的大买办商人，可见东山王氏确实是洞庭商帮的主要力量之一。但是和东西山其他家族相比，东山王氏文化上的贡献更为突出。明代中期的王鏊是东山王氏家族发展史上的重要人物，正是因为他高中探花，历仕户部尚书、文渊阁大学士等显宦才使之前寂寂无闻的东山王氏家族声誉日隆。清代乾隆年间著名学者沈德潜就认为“王氏自文恪以后，以能文世其家，三百年来，吴中言文献者，必首洞庭王氏”。王鏊开启了王氏家族的科举之路，也把重视文化教育的家风传之后世。正因为如此，洞庭东山王氏家族在明清时期才能科举鼎盛，先后出了七位进士，其中包括一名状元和一名探花，并且学术大家辈出。近代以来，王氏家族成员仍然继承这种家族传统，以教书育人与献身科学为己任，涌现出了数十位著名教授和教育家，该家族成员及姻亲还有七位曾先后成为两院院士，可见其家族文化的发达。可以说，一部洞庭东山王氏家族近代发展史就是一部浓缩了

① 作者孙中旺，苏州图书馆古籍部主任，正高研究员。文章先后载于《苏州名门望族》（古吴轩出版社，2005 年版）及《东山大族》（广陵书社，2008 年版）。

的中国近代科技史。本文从以下诸方面分别谈谈东山王氏家族的发展轨迹。

一、东山王氏家族与科举

在东山所有家族中，王氏家族是较早和科举发生关系的，这和王鏊的祖父王惟道重视教育是分不开的。当时的洞庭东山孤悬太湖中，交通不便，“始为隐者武人之居，后皆习于商贾，不知学”。本来就缺少文化氛围，再加上明初法网峻密，仕宦多罹不测，所以东山人当时对科举比较抵触，甚至“闻为弟子员则恐惧亡匿”。只有“唯道好学重礼，教子有方，始以文学起家”。其子王朝用独以文学选入吴县邑庠，后以贡入太学，谒选得襄阳府光化知县，是为王氏仕宦之始。王朝用生四子，即铭、鏊、铨、镠，诸子各有成就，自此王氏光大门楣。

和其他家族一样，东山王氏科第方面的兴盛也被笼罩上了一层神秘色彩，据说这和王鏊的祖茔有关。王鏊的祖茔在洞庭东山后山陆巷和沙岭间的化龙池，单说这个地名就昭示着神奇，中国民间有“鲤鱼跳龙门”的说法，而一般的读书人有幸高中举人、进士也无异于跳过龙门的鲤鱼。关于王氏的化龙池祖茔在清代常熟人王应奎的《柳南随笔》及其他相关典籍中都有记载。这些记载都充满了神秘色彩，据说王氏祖茔所在地洞庭东山化龙池，形如凤凰展翅。王氏先世得此地后知为吉壤，但是不知道正向为何处，所以祖宗留下遗命，让后世在此依次排列而葬，这样总有碰到正向的机会，所以王氏祖墓上各墓相连如串珠一样，人称“念珠坟”。后来王鏊连中解元、会元，廷试时高中探花，王氏由此而发达。但是王鏊在连中解元、会元之后在优势之下却未能高中状元，没有完成连中三元的伟业，史书记载是当时的主考官商辂曾连中三元，不愿意和王鏊同享这一荣誉，所以就把王鏊置为第三。但是传说王鏊仅中探花仍是祖茔注定，因为其化龙池祖茔虽形如凤凰展翅，但是因为湖中案山稍偏，其向不正，故王氏在得此葬地时就有堪舆家曾言“可惜凤凰旗不正，他年仅出探花郎”。王鏊仅中探花正应此说。清朝初年，又一堪舆家过东山仍为此说，人们问他怎么才能使凤凰旗正起来，让王氏家族成员得以状元及第，堪舆家建议在坟前作飨亭以合正向，或许可以应验。王氏家族依言照办，后来在康熙五十一年（1712）王鏊八世孙王世琛果然状元及第。

王鏊贵盛后，其妻吴氏被封为一品夫人。关于吴氏也有一个神秘的传说。《柳南续笔》卷二载，洞庭山吴昺，字景东。明宣德初曾经为其父占卜葬地，堪舆家让其葬在高峰俞坞，言葬此处子孙当有官至一品的，后来吴昺的长孙女嫁给王鏊，诰封一品夫人，而吴氏子孙却没有人能够做到一品大官，有人认为是因为此地外沙特别好，贵外不贵内，所以东山人称此葬地为“女贵坟”。

王世琛中状元也有传说，传说他在会试前三日祈求神仙保佑自己高中。当夜，王世琛做了一个梦，梦到自己来到一个大厅前，厅柱上有一副楹联云：“雨中春树万人，云里帝城双凤”“云里帝城双凤阙，雨中春树万人家”为唐代诗人王维应制诗中的名句，柱联中颠倒了两句的次序，并且藏“家”“阙”二字，预示着他由家中直达帝阙之下，必中状元。

关于王世琛还有“婢卜状元”的传说，据《红兰逸乘》记载，王世琛参加会试后和好友顾景范一起寓居于宋坚斋侍郎家中等候发榜，宋家有两个婢女，各指一人必中状元，为此坚持不下，最后吵嚷打闹起来。刚好被宋坚斋退朝回来见到，问明情况后就对两婢说：“既然你们两人都心有所属，我就把你们两人分别赠送给自己的意中人，至于谁能相伴状元，那只有看各自的福分了。”出榜后指王世琛中状元的婢女大为得意。另一婢女不愿意就这样轻易认输，在失望之余不惜以自杀来威逼顾景范好好准备下次的会试，在该婢女的激励下，顾景范后来也高中进士，历仕显宦。此事被吴下传为佳话。

无论是“念珠坟”也好，“女贵坟”也好，还是王世琛中状元前的吉梦及“婢卜状元”的传说也好，可能都是王氏家族科举显名后世人的附会而已，这种附会中不乏羡慕和崇拜。明清时期，在东山所有家族中王氏的科举成绩确实是最为显著的，除王世琛和王鏊分别得中状元与探花外，王氏还先后出了 5 位进士，即明代的王禹声，清代的王奕仁、王颂蔚、王仁俊和王季烈。其中王颂蔚和王季烈为父子，他们分别于清光绪六年（1880）和清光绪三十年（1904）中进士。这样的科举成绩就是和某些府级行政单位相比也是毫不逊色的，也无怪乎关于王氏科举会有这么多神奇的传说了。

在封建社会中，科举的成败对一个家族的盛衰有着至关重要的影响，科举几乎是平民百姓步入政坛的唯一途径，科举高中之后伴随而来的是平步青云，官运亨通。而家族成员仕宦显达可以大大提高一个家族的政治、经济地位。科举上的兴盛是明清时期洞庭东山王氏发展壮大的最主要的原因，明代中期王鏊高中探花使一向默默无闻的东山王氏家族突然崛起，而王鏊后世在科举上的不断成功则巩固和加强了东山王氏的社会地位。

二、东山王氏家族与文学

明清以来洞庭东山王氏家族涌现出了不少著名的诗人和学者，《江苏艺文志 · 苏州卷》载曾有著作传世的该家族成员达数十人之多。洞庭东山王氏家族成员在当时的文坛上曾占有十分重要的地位，对中国文学的发展也做出了相当大的贡献，试述如下：

（一）王鏊与“台阁体”及八股文

王鏊（1450—1524），字济之，号守溪，世称守溪先生，他不仅是洞庭东山王氏家族发展过程中最重要的人物，而且在中国文学史上也曾产生过重大影响。他对文学的贡献主要表现在“台阁体”和八股文创作上。

王鏊自小就文采斐然，中探花后官运亨通，历任侍讲学士、户部尚书，文渊阁大学士。当时统治文坛的是以歌颂太平盛世、忠君爱民为主要内容的台阁体，身居高位的王鏊也为台阁体后期的重要作家。但是王鏊的台阁体诗文并非全部是空洞的粉饰太平之作，尤其是告老还乡以后，他写下了大量的山水文章，把忠君爱国之思融于吴中的青山绿水之中，具有强烈的忧国忧民情感。这些诗篇已经脱离了台阁体那种四平八稳、庸俗空泛之风。王鏊热心于同乡文人雅集，后来的祝允明、唐寅、文徵明、陆粲、黄省曾等皆师事王鏊，王鏊提倡的文人雅会实为台阁文人群体向才子文人群体过渡的一个重要环节。王鏊革新台阁体的种种创作及结社活动，对转变统治明代文坛的台阁诗风起到了重要作用。

明代的八股文被称为“制义”“时文”，是封建政府选拔官吏的重要工具。王鏊是八股文创作上的佼佼者，其造诣几乎无人比肩，可以说八股文创作的走向成熟，是和王鏊分不开的。王鏊的八股文作品对后世影响很大，明、清士人无不奉之为圭臬，几至家有其书。吴敬梓《儒林外史》第十一回写蘧公孙的女儿，“十一二岁就讲书、读文章，先把一部王守溪的稿子读的滚瓜烂熟”。女孩子尚且如此，士人更不用说了，难怪他会被门人唐伯虎誉为“海内文章第一，山中宰相无双”。

（二）王瀚、王学伊兄弟等人与金圣叹的文学评点

金圣叹是明末清初著名的苏州才子，他评点的《西厢记》和《水浒传》等书对后世影响极大，开启了评点派的先河，在中国文学史上占有重要地位。他和洞庭东山王氏家族成员交往密切，该家族中的许多成员都是金圣叹的挚友，他们不但对金圣叹给予过许多物质帮助，而且也直接参加了金圣叹的文学评点活动。和金圣叹交往的王氏家族成员很多，其中最重要的是王鏊的五世孙王瀚和王学伊兄弟。

王瀚（号斫山）是金圣叹最好的朋友，在金圣叹的著述中，曾数十次提及王瀚名号，记载了自己和王瀚至死不渝的深厚友谊。王瀚对金圣叹进行过不少物质帮助，如他曾给金圣叹三千金让其收取利息度日，但是不久金圣叹就把这三千金挥霍一空，王

瀚仅仅是“一笑置之”，可见两人关系之好。

王瀚之外，金圣叹常提到的友人，便以王学伊（号道树）最为频繁了，在其著述中至少出现过十次。金圣叹在《唱经堂杜诗解》中经常引用王学伊的意见，可见他们确实经常在一起谈论诗文，金圣叹和王学伊往来的书信与诗歌很多，其中《道树遣人送酱醋各一器》诗中提到金圣叹在家中“瓶空罍倒”、柴米无以为继的时候，王学伊遣人送来酱和醋等物，可谓是雪中送炭。在《病起过道树楼下》诗中还有“小弟三秋病，先生每日心”之句，可见王学伊确实是从精神上、物质上和学术上都给予了金圣叹无微不至的关心。

除王瀚和王学伊之外，金圣叹诗中提到的王氏家族成员还有王子文（玉汝）、王公晋（希）、王勤中（武）和王轮中（宪度）等人，他们都是王鏊的五六世孙，都和金圣叹有良好的关系。金圣叹因评点不登大雅之堂的《水浒》《西厢记》等书，被封建卫道士们视作洪水猛兽，如名士归庄就把金圣叹视为“邪鬼”，必欲诛之而后快。而王瀚兄弟子侄等人却和金圣叹关系极为亲密，对金圣叹的精神、物质及学术都给予很大的帮助，作为当时的吴中望族，王氏兄弟子侄的这种行为对金圣叹无疑起到了很大的保护作用，难以想象如果没有洞庭东山王氏家族成员的鼎力相助，金圣叹能否顺利完成他的评点事业。

（三）王嘉禄与吴中词派

王嘉禄（1797—1824），字绥之，号井叔。他是著名诗人王芑孙的儿子，其母曹贞秀亦为才女，其岳父为大名鼎鼎的藏书家、“百宋一廛”的主人黄丕烈。在家庭的熏陶下，他从小就勤于著述，文采斐然。后谋事于群贤毕集的扬州，“与并世知名之士游，故所学益进”。

王嘉禄是清代中期与扬州词派、阳羡词派、浙西词派和常州词派齐名的“吴中词派”的重要人物。清道光二年（1822），年仅二十六岁的王嘉禄倡议合刻《吴中七家词》，这标志着吴中词派的正式形成，王嘉禄对吴中词派的形成实有开创之功。

（四）王希廉与《红楼梦》评点

王希廉（1805—1877），原名希棣，字旭升，号雪香，又号护花主人，晚号雪髯老人，为王鏊堂兄王鏊的十一世孙，副室周绮，亦擅辞章。王希廉为早期的红学家之一，堪称《红楼梦》评点派的第一人。

在中国红学史上，王希廉是第一个对《红楼梦》的艺术结构作出系统分析的研究者。他的高明之处就在于他把《红楼梦》当小说看，并十分重视它的艺术成就，而不是毫无根据地瞎猜乱扯。由于小说离不开人物形象，所以从总体来看，王希廉的评点对小说人物的评价也最多，且有不少精到的见解。

值得一提的是王希廉的副室周绮也对《红楼梦》的评点做出了一定的贡献，在王希廉的评点本中有周绮所做的十首题词，在序中周绮称赞《红楼梦》"盖将人情事态，尽寓于粉迹脂痕，较诸《水浒》《西厢》等书，尤为痛快绝倒"。周绮所做的《黛玉焚诗》《香菱学咏》等诗很好地阐发了《红楼梦》的魅力。周绮作为封建时代的"一介女流"，能够有勇气研究被时人认为是"诲淫"之书的《红楼梦》，实为"奇迹"。而王希廉夫妇夫唱妻随，共研《红楼》，堪称红学研究史上的佳话。

早在清道光十二年（1832），王希廉就以"双清仙馆"的名义刊刻了自己评点的《新评绣像红楼梦全传》，这就是在《红楼梦》历史上占据重要地位的"双清仙馆本"。该本问世后风行天下，翻刻、合刻王希廉评语的版本成为《红楼梦》评点本的主流，其他版本的《红楼梦》几乎成了废纸。据统计，仅现存的本子就有二十多种。如此众多的翻刻、合刊本，充分证明了王希廉评语所具有的艺术感染力。王希廉评本的出现对普及、研究《红楼梦》做出了重大贡献。

（五）王季烈、王守泰与昆曲

王季烈（1873—1952），字君九，又字晋余，号螾庐，王鏊十四世孙。王季烈博究经史诗文，精通曲律，长期从事昆曲的理论研究，著有《螾庐曲谈》《度曲要旨》，编有《集成曲谱》《与众曲谱》。

王季烈对昆曲研究颇多贡献。他曾经总结出三条昆曲艺术上的要求和技巧：第一是识字、正音。第二条是记熟唱腔、板眼。板眼即是节拍，是落板和以鼓击节的地方。唱腔是利用音配合音乐、旋律运腔的技巧。第三条是口法。即依字音发声运腔的方法。他探索曲律时不拘泥前人论点，有自己的创见。如《螾庐曲谈》首次提出"主腔"概念，使谱曲和联套等过去被认为高深莫测的技巧，有了准绳。因此昆曲家们认为《论谱曲》揭开了昆曲声律的奥秘，把昆曲理论研究推进了一步。

王季烈逝世后，其子王守泰（1908—1991）继承了他的昆曲研究事业。王守泰精研昆曲，发扬了其父王季烈在《螾庐曲谈》中提出的主腔说，在其所著的《昆曲格律》一书中，分析了"二郎神""朝天子"等曲牌的主腔。1981年，各地曲友会于苏州，发起一项整理曲牌的工作，编写《昆曲曲牌及套数范例集》，以图系统总结南北曲各个宫调主要曲牌的主腔特色。南京、上海、苏州、扬州、北京先后投入者十余人，由王守泰主持其事。从开头到南套出版历时十四年之久，可见此项工程之艰巨。而主持人王守泰已届耄耋之年，竟坚持十余年忘我劳动，惜脱稿后未能见到此书出版已去世。这种对昆曲的痴爱，实在令人钦佩和感动。他还曾向苏州戏曲博物院捐赠了其父王季烈编写的《正俗曲谱》一书，其中有几近失传的折子戏，保留了珍贵的昆曲文献。

三、东山王氏家族与藏书刻书

洞庭东山王氏家族重视文化事业，收入叶瑞宝先生主编的《苏州藏书史》中的该家族藏书家多达八人，即王鏊、王世琛、王申荀、王芑孙、王希廉、王金增、王鎏、王颂蔚。另外在叶昌炽的《藏书纪事诗》中尚有王延喆，王謇《续补藏书纪事诗》中尚有王季烈和王季点，三书合计共达十一人之多，确实是令人叹为观止。他们中的一些人在藏书的同时也进行刻书事业。明清以来该家族成员的藏书刻书活动简介如下：

王鏊，生平见前文。陆燕《王文恪公宅》云："当时早第盛歌钟，少傅文章四海宗。堂上旧柴新燕子，门前枯涧老芙蓉。赐书增得湖山重，绘竹依然笔墨浓。二百年来风景古，碧纱笼字有苔封。"看来王鏊曾得到过皇帝的赐书。另外王鏊还利用职务之便，在皇室的秘阁中录书，如唐代郑谷的《云台编》就是王鏊从秘阁中录出。王鏊的藏书印种类繁多，有"济之"，因其字而来；有"御题文学侍从""大宗伯章"，因其官职而来；有"吴趋""震泽世家"，因其家于苏州太湖洞庭东山而来；有"三槐之裔"，因其郡望堂号而来。

藏书之外，王鏊还进行了刻书活动，明弘治十八年（1505），王鏊以"三槐堂"之名刊刻了自己修的《震泽编》八卷，此书现存较多。明正德十二年（1517）王鏊又刊刻了唐人孙樵的《孙可之文集》十卷，此刻传世不多，现国家图书馆有藏。

王延喆，王鏊长子。明嘉靖五年（1526）刊刻了王鏊辑的《本草单方》八卷，此书现上海图书馆有藏。次年，他又刊刻了宋版《史记》一百三十卷，该书摹刻极精，几乎和宋版真假莫辨，得到清代四库馆臣和王鸣盛等人的交口称赞。关于该书，在清代王士祯的《池北偶谈》中还记载了一则逸闻。据说一天有人持宋版《史记》求售于王延喆，索价三百金。王延喆要他先把书留下，一个月以后再来取钱。卖书人走后，王延喆就纠集善工，按照宋版摹刻，一月而刊刻完成。卖书人如期来索钱，王延喆把刚刻好的书给他，开玩笑地对他说不买了，把原书还给他，卖书人辨不出真伪，持之而去。后来又返回问道："此亦宋椠，而纸差，不如吾书，岂误耶？"王延喆大笑后告知其原因，取出新刊刻的数十部《史记》放在堂上，对他说：“君意在获三百金耳，今如数予金，且为君书幻于千百化身矣！”其人大喜过望。此则逸闻虽经叶昌炽等人考证是无稽之谈，但是从中也可以看出王延喆所刻的《史记》确实可以达到以假乱真之效。难怪后世人多把此书的序目及王氏校刊木记处裁去，假冒宋版出售了。

王禹声，王鏊曾孙，明万历间（1573—1620）以“三槐堂”之名刊刻了《王文恪公集》三十六卷。万历二十七年（1599）王禹声又刊刻了自己所著的《鹖音》一卷和《白社诗草》，均附于《王文恪公集》后流传。

王永熙，王鏊玄孙，明万历二十六年（1598）曾刊刻了自己所辑的《震泽先生别集》六卷，其中包括王鏊著《震泽长语》一卷、《震泽纪闻》二卷。王禹声著《续震泽纪闻》二卷，《郢事纪略》一卷。

王申荀，字咸中，号真山。家尧峰西麓。王武弟，贡生。清顾嘉誉《横山志略》卷五云：“字咸中，号真山。文恪公鏊六世孙。读书不求无仕，筑山房于尧峰之石坞，与汪钝翁过从晨夕，以隐终身，有石坞山房投赠诗文，斐然盈帙，皆海内巨公也。”汪琬诗云：“好事如君少，山斋乃尔幽。异书逾万卷，名帖半双钩。”看来确实藏书不少，并且其中不乏珍善之本。

王世琛（1680—1729），字宝传，号艮甫。王鏊八世孙。清康熙五十一年（1712）殿试第一，累迁少詹事。《书城挹翠录》录明万历刻钤印本《考古正文印数》钤有“震泽王氏家藏”“震泽”“王世琛印”“王宝传”等诸印，此书现藏香港中文大学图书馆。

王金增（1693—1748），字师李，号湄庵。诸生。《乡志类稿·人物》：“有声黉序。乾隆甲辰省试下第，肄业钟山书院。与南丰汤椿年辑《书院志》。又手校《韩昌黎全集》、杨诚斋《锦绣集》。先世有栖隐之地曰壑舟，已迷其处，即朱氏废园改建，赋诗二十首，广征词人和之。园中藏书数千卷。”

王芑孙（1755—1817），字念丰、沤波，号铁夫、惕甫、云房、楞伽山人，清代中期著名文学家，为王鏊十世孙。石蕴玉《独学庐四稿·池上集》卷二《读王惕甫遗书后》云：“文章一代推能手，少作繁华老则否。积书万卷传者谁，舒祺最少知能守。”可见藏书之多。王芑孙还在自己的藏书中作跋，如《涵芬楼烬余书录》子部明成化本《管子》就有他的跋云：“云台先生至杭，停泊煦江，过沤波舫，因出《管子》一书相赠，后同年黄尧圃见之，云是元版，市场不可多得，纹银三十两，不为价重。因重装之。铁夫记。”这些跋语为我们今天的藏书研究留下了珍贵的资料。

王鎏（1786—1843），原名仲鎏，字子兼，号亮生，晚号荷盘山人。诸生。素嗜考订，未尝一日释卷。隐于书肆。王鎏刻书颇多，曾分别于清道光八年（1828）以王氏壑舟园名刊己《钞币刍言》一卷、《太原家谱》二十卷；道光十四年（1834）艺海堂刊《壑舟园初稿》；道光十五年（1835）以王氏壑舟园名刊己《四书地理考》十五卷；道光二十一年（1841）以艺海堂名刊己集《乡党正义》十六卷、《经解腈》四卷；道光二十二年（1842）以艺海堂名刊《国朝文述》八卷。

王颂蔚（1848—1895），原名叔炳，字芾卿，号蒿隐，笔佣。弱冠适逢冯桂芬主修苏州府志，聘任纂艺文、古迹诸门。与叶昌炽、管礼耕最善，同为常熟瞿氏校订《铁琴铜剑楼书目》。清光绪六年（1880）进士。擅长版本目录之学，又擅金石考证，所著《古书经眼录》《读碑记》足与莫友芝《宋元经眼录》、方翔《枕经堂金石跋》并驾齐驱。尝于方略馆废纸堆中发现殿版初印《明史》残本，书眉有黄签，审为乾隆朝拟撰考证未竟之本。因遂多方搜求，逐条厘定，芟烦撷要，成《明史考证捃逸》四十二卷，后经吴兴刘氏嘉业堂为之校刊印行。又校订齐召南《二十三史考证》及汪辉祖《史姓韵编》也前后付之印行。其所存稿本较多，有《隋书经籍志韵编》《周礼疏稿》《王颂蔚遗稿》六十册，均归上海图书馆所有。撰《周礼义疏》稿本，经后人转赠苏州图书馆保存。

在王氏家族的藏书史上，近现代的王季常也颇值一书。王季常是王颂蔚的女儿，一生致力于教育事业。抗战爆发前后，她以2500块银圆的巨资从姐夫何亚农的手中买到一部极其珍贵的宋版《王状元集百家注编年杜陵诗史》（以下简称《杜陵诗史》）。这部《杜陵诗史》不仅具有极高的版本价值，属宋版宋印，而且以其资料之珍贵令学界刮目。此书汇集了宋代文学家王禹偁、王安石、沈括、苏轼、秦观等七十余人的注释和评语，提供了历代文学大家们的研究成果，这对后人正确地理解杜诗颇有帮助，仅此一项就堪称文学界稀世珍宝了。从收藏角度看，此书又遍钤明清两代藏书大家的收藏章和鉴赏印，如华夏、朱大韶、季振宜、徐乾学、宋荦及签有“拙翁文府”收藏章的日本人等。且印本本身“字大如钱，纸洁如玉”，是藏书家心目中的极品，又是孤本，视之为“价值连城”，绝不过分。得到《杜陵诗史》后，王季常打算请当时燕京大学教授顾廷龙鉴定，后因抗战爆发而作罢。该书被王季常收藏长达约四十年之久，直到1974年王季常病逝后，《杜陵诗史》被其女佣姚氏的女儿以5000元人民币的价格卖给苏州古旧书店，转手后归于苏州图书馆，现在已经成为苏州图书馆的镇馆之宝。

以上所述洞庭东山王氏家族的藏书刻书活动仅为至今可考者，更多的王氏家族成员的藏书刻书活动可能都淹没在历史的尘埃中。但是仅以上这些就足以说明王氏家族是一个重视文化积累和文化传播的家族。众多王氏家族成员的藏书刻书活动不仅延续王氏家族的文化传统，促进了王氏家族自身的发展，而且也为苏州的藏书刻书文化做出了较大贡献。

四、东山王氏家族与园林

明清时期的东山王氏家族在官商领域都取得了很大成功，遵循当时苏州富贵造园的风气，王氏家族也兴建了众多的园林，这些园林为提高王氏家族的文化水平及社会影响力都起到了重要的作用，也丰富了苏州文化的内涵，试述如下：

（一）王氏家族园林考

王氏家族建造园林颇多，结合各种典籍，可靠者仍有十多个。

怡老园

在吴趋坊西城下。此处本“夏驾湖”故处，相传为吴王避暑之地，后南北淤塞。王鏊辞官回到苏州后喜欢居住山墅，其子遂命工匠仿山中景物在此建园，以娱其父，故园名“怡老”。

真适园

在洞庭东山唐股村，王鏊所建。其范围延及山前山后，气势宏大。王鏊在京师做官时曾筑园名“小适”。告归之后在家乡筑此园。至此，其心愿始得满足，故园名“真适”。

安隐园

在洞庭东山，为王鏊长兄王铭宅园，王铭少随父任光化，年未艾，归卧湖山，绝迹城市，自称安隐居士，故园名安隐。

壑舟园

在洞庭东山，王鏊堂兄王鎜所筑。王鎜不愿做官，隐居家乡，如舟藏于山壑，故园名“壑舟”。其园落成之日，沈石田为之绘“壑舟图”，王鏊为其作“壑舟记”，唐寅、祝允明等吴中名流均题咏祝贺，壑舟园一时名流云集，咏诗绘画，酬唱不绝。

且适园

在太湖东横金塘桥，王鏊之弟王铨所筑。此处“得道里之中，适喧静之宜，其田美而善，其俗淳而和”。既可南望包山，北望吴城，又无包山的风涛之险和吴城的市廛之喧。故王铨择此地筑园，园中杂莳花木，以为观游之所。

从适园

位于林屋山之西，王鏊侄子王学所筑。因王鏊先有真适园，其侄王学有意从之，故名“从适”。该园建于山水之间，巧妙运用借景艺术，湖光山色宛在园中。

招隐园

又名大园，其园规模较大，是明正德四年（1509）王鏊致仕后，季子王延陵为其所建的别院。内有红睡轩、击壤草堂、苍润楼、停云峰、丽草堂等十景。

遂高堂

是明代隐士王铨的住宅，王铨是王鏊之弟。王铨淡于仕途，不愿做官，王鏊理解他的思想，曾写信肯定他不入官场的做法，信中有一句“输与伊人一着高”。王铨取了这句话的意思，把自己的居宅命名为“遂高堂”。

石坞山房

在尧峰山西麓，王鏊六世孙王申荀（咸中）所筑，最擅泉石之胜。王氏本居城中，亦有亭台池馆之美。因崇拜汪琬，故来卜邻。

谢鸥草堂

在齐门外永昌，是王鏊六世孙王武的别业。王武以书画名一时，“谢鸥草堂”名取陆归蒙“裁诗谢白鸥”之句。草堂地处山水之间，阳山、梁溪、漕河环绕四周，景色绝佳。

（二）园林在王氏家族发展中的意义

王鏊高中探花后，王氏家族势力骤然强大，从此开始了园林建设，并且很快达到了鼎盛阶段，以上十余园林中，大多是在王鏊时代所建造，王鏊兄弟子侄建造了其中的绝大多数，后来伴随着家族势力的衰落，王氏新建园林较少。众多的园林为洞庭东山王氏家族的发展起到了很大推动作用，也为苏州文化的发展做出了贡献。

1. 园林提高了王氏家族的声誉和文化艺术素养

王氏家族的园林吸引了苏州众多的名士前往游赏题咏。尤其是王鏊归田以后，吴中名士常集中于其各大园林中，如怡老园中常有名公巨卿流连，可考者有沈周、吴宽、杨循吉、文徵明、祝允明、唐寅、王宠、王守、陆粲等，集中了当时苏州大多数名士，他们在王氏园林中题诗作画，挥洒风流。后来的归庄、汪琬等人也常在怡老园中和王武交相酬和。众多名士集中于王氏园林，大大提高了王氏家族声望的同时，也培养了王氏家族的成员热衷文艺的家族风气，如王鏊六世孙王武，“其旁怡老园，有亭榭花木之胜。恒与宾从及诸昆弟，具蔬果酒食，觞咏其间。”从中可以看出园林对王氏家族发展的重大意义。

2. 王氏家族园林丰富了苏州文化

王氏家族园林的建造不仅对苏州的园林文化有重要推动作用，而且对苏州文学书画等方面也产生了一定影响。诸多吴中优秀文人在此留下了卷帙浩繁的诗歌和散文，王氏的园林几乎都有文献传世，如王鏊有《且适园记》《从适园记》《真适园梅花盛放》，文徵明有《饮怡老园》，彭启丰有《访招隐园故址》，汪琬有《怡老园访王子勤中留赠》《题石坞山房》，归庄有《谢鸥草堂记》。关于壑舟园的典籍更多，除诗词外，吴门不少著名画家也在王氏家族园林中留下墨宝，如沈周就有《壑舟园图》存世，而王武更是在怡老园中成长起来的一代名画家。王氏家族也往往以壑舟园名义刊刻书籍，如现存的《昌黎先生集四十卷遗文一卷外集十卷朱子校昌黎先生集传一卷》就是清乾隆十一年（1746）洞庭东山壑舟园云津堂递修本，王氏后世著书也有以壑舟园名者，如清代王仲鎏的文集分别命名为《壑舟园初稿》《壑舟园次稿》。

五、东山王氏家族与书画艺术

明清以来，洞庭东山王氏家族还涌现出不少书画艺术家，他们丰富了吴门画派的内涵，为苏州的书画文化增添了独特的色彩。

王鏊开启了东山王氏书画艺术之门，王鏊归隐苏州后喜欢和唐寅、文徵明等人一起诗酒唱和，这些吴门画派的代表人物在王氏家族的园林中挥洒丹青，留下了不少传世名作，王氏家族为当时的吴门画派成员提供了良好的创作舞台，这也是对苏州书画艺术的重大贡献。王鏊对书画鉴赏颇有研究，在其《震泽集》中多有评论书画之语，见解独特。他本人也十分擅长书法，明正德八年（1513 年）三月，他自撰并楷书的《重建泗州大圣庙门记》碑，书法劲正，在颜柳之间。

明清之际，洞庭东山王氏出了一个著名的画家，他就是王鏊的六世孙王武。王武（1632—1690），字勤中，号忘庵，又号雪颠道人、如是翁、不山。他生性和乐平易，不屑科举，以诸生入太学后，终生不仕，以书画自娱。善绘事，精鉴赏，富收藏，对于宋、元、明诸家名迹，往往心追手摹，务得其法。所作花鸟，能得生趣，秀丽多姿，功力深厚，水墨没骨多取周之冕、陆治画法，只在点笔方面有所发展，与恽寿平齐名，恽长于没骨而王长于勾花点叶。所写东禅寺《红定图》，水墨渲染，妙夺天真，为朱彝尊所赞赏。《清史稿》卷五〇四有其传，赞其“画花草，流丽多风，王时敏亦称为

‘妙品’，学者宗之”。

王武之后，在书法上造诣独到的有王芑孙。他不仅文才出众，而且书法也颇值一书，是当时有名的书法家。他书仿刘石庵，尤负重誉，叶廷琯《鸥陂渔话》云：“吴下明季以来，书家用笔，皆以清秀俊逸见长，至惕甫始以道厚浑古矫之，遂为三百年所未有，虽退谷、义门，道当让出头，何况馀子？”可见王芑孙书法的独特魅力。难怪王芑孙会被国家文物局列入“1795—1949 年著名书画家作品限制出境名单”中。

除此之外，明清时期洞庭东山王氏成员中擅长书画的还有不少，如王鏊季子王延陵“游戏丹青，人得其尺蹏便面，争宝爱之”。王鏊七世孙王铨“善绘事书法”。王铨子王世琛也“兼善书画，得父笔法”。王仲纯“能诗工书画，山水苍老简贵，得王蓬心宸太守之传。间作逸笔花卉，宗其家忘庵老人，具有遗韵”。此外，王氏家族的女性成员在书画上面也颇有造诣，如王希廉妹妹王兰贞“擅楷法，喜作白描花卉，不轻示人”。王希廉副室周绮“能篆刻，兼习山水花鸟，尤精小芦雁，得萧远生动之致”。王希廉从姊王蕴贞也“工词章，间写水墨山水”。

近代以来，东山王氏又涌现出了著名的国画大家王己千（1907—2003），他为王鏊的十四世孙，本名王季迁，由于嫌“季迁”笔画太多，改为“己千”，取“人十之，己千之”之意。1907 年王己千出生于苏州，1924 年，他曾拜苏州大收藏家和画家顾麟士为师。1932 年，进上海东吴大学攻读，同时师从著名画家吴湖帆习画及研究鉴赏。1935 年，28 岁的王己千应邀出任伦敦中国艺术国际展览会筹备委员会顾问。1940 年，他和德国艺术历史专家孔达女士合力编纂《明清画家印鉴》。同时，还在上海为苏州美术专科学校教授中国绘画。1949 年定居美国纽约。后在加州柏克莱大学、斯坦福大学以及哥伦比亚大学教授中国绘画史。80 年代初，他协助索斯比等著名拍卖行确立了中国国画在西方的拍卖定价体系。晚年更捐献诸多收藏品给大都会艺术博物馆，为了纪念王己千的杰出贡献，该馆以他的名字命名了“C.C.Wang Family Gallery”。王己千在中国画方面的卓越贡献使他和张大千一起成为海外中国画家的代表。

除绘画外，王己千还是 20 世纪最重要的中国画收藏家，他是这一领域里的泰斗和关键人物。他的收藏不仅涵盖了明、清，而且宋、元的一些名迹几乎都集中在他手上。他的收藏可以说富可敌国，他自己的私人收藏可以与任何一家博物馆的早期中国绘画的经典代表作品相比，而没有任何逊色，藏品覆盖完整，而且有重迹。他藏有武宗元、郭熙、董源、巨然、马远、李唐、赵子昂、倪赞、吴镇、沈周、唐寅、董其昌、八大、石涛等大家精品。

2003 年 7 月 3 日，王己千在纽约走完了他 97 岁的人生旅程。他在美国将近 50 年的收藏、绘画生涯为增进中国绘画艺术在美国的传播、鉴赏和认同做出了重大贡献，被人们称为“中国水墨艺术的捍卫者”“将中国书画艺术推向西方的灵魂人物”。

六、东山王氏家族与近现代科技教育

近代以来，洞庭东山王氏家族在教育和科技方面异军突起，对中国近代教育和科技的发展做出了重要贡献，尤其是王颂蔚家族，堪称中国近代第一教育和科学世家，他和谢长达所生的九个子女几乎全部投身于教育与科技事业，而这九个子女的后代和姻亲也在科学上取得了重大成就。另外东山王氏其他家族成员也对科学贡献颇大。可以说近代洞庭东山王氏家族的历史就是一部浓缩了的中国近代科技史，该家族的男女成员及姻亲进行了卓有成效的科技活动，至今仍有重大影响，现在该家族及其姻亲仍有两院院士数名及一大批博导、教授。这种盛况在中国近代史上是一个奇迹。本章就以王颂蔚家族为例，谈谈他们在近代教育及科技方面的贡献。

（一）王氏家族成员科技活动简介

王氏家族成员的科技活动启蒙于王颂蔚，这位晚清进士不仅有扎实的国学根基，曾为常熟铁琴铜剑楼校订书目、参与了同治《苏州府志》的编纂，并有一大批著作传世，而且崇尚实学，曾力荐科举试卷“不中程式”的蔡元培为进士，他还极力推崇西学，希望士人“学习测量、化学、光学……”并“咨商制造”。同时，王颂蔚还有强烈的爱国主义精神，甲午战争失败后，他对清政府“偿金割地，委曲求和”而“益为悲愤”，翌年而逝。王颂蔚的子女不但西学擅长，而且大多国学根底扎实，并且有强烈的爱国心，这和王颂蔚的影响是分不开的。下面就对王氏家族成员的科学活动做一简介。

王季烈（1873—1952）王颂蔚长子。

王季烈在昆曲方面的造诣和贡献前文已经介绍，除此之外，他还是清末民国初期物理学著作翻译家。为近代物理在中国的传播做出了重要贡献。他在科学上的贡献主要在两方面：

一是翻译和编著物理教材。王季烈翻译出版了中国第一本称之为“物理学”的且具有大学水平的教科书，即江南制造局于 1900 年出版的《物理学》。王季烈第一次用“物理学”一词代替中国当时通用的“格致”作书名。这个名词很快为中国学术界接受，“格致”作为物理的译名此后即退出历史舞台。《物理学》在此后流行了近 20 年，成为 20 世纪初高等学校（堂）普遍采用的物理教材。后来王季烈还翻译了《最新理化示教》《最新化学》等中学理科教材。1924 年，商务印书馆出版了他编的《共和国教科书中学物理》，该书在高级中学中曾被普遍采用。

二是主持编印《物理学语汇》。1908 年在王季烈的主持下，清政府学部（相当于教育部）颁发了中、日、英 3 种文字对照的《物理学语汇》，收入物理学名词近千条，由商务印书馆出版发行，这是我国第一本由政府颁发的物理学名词规范。名词语汇的标准化，对于我国物理学的发展有极重要的意义。

王季同（1875—1948），王颂蔚次子。

又名季锴，字孟晋，号小徐，自幼好数理，不应科举，约 1895 年任京师同文馆算学教习。曾留学英国学习电机工程，1910 年，他在英国发表的关于四元函数微分法的论文被誉为“王氏代数”。后在德国西门子电机厂实习，1916 年曾发明转动式变压器。1927 年随蔡元培筹备中央研究院，1928 年进入工程研究所任研究员。王季同到工程研究所后进行的关于螺旋弹簧新公式的研究工作，是 20 世纪 20 年代国际工程学界关于螺旋弹簧研究的焦点问题之一。王季同提出的电网络分析新方法产生了很大的学术影响。还有多篇论文在日本和德国召开的学术会议上为中国争得了荣誉。

王季点（1879—1966），王颂蔚三子。

字异三，号琴希，1900 年留学日本，毕业于东京高等工业学校化工科。曾在江南制造局翻译馆，编译了《中学矿物界教科书》《制羼金法二卷》《染色法四卷》等书。曾任京师大学堂格致科提调，农工商部主事、度量衡局委员等职。1922 年年初，在北京工业专门学校任教的王季点和俞同奎、郭世绾、张新吾、吴匡时等人发起组织、筹备成立中华化学工业会。

王季绪（1882—1966），王颂蔚四子。

字公仙，号茧庐。是我国最早的机械工程专家之一，1912 年毕业于英国剑桥大学，曾任国立北洋大学教授、教务长和天津大学教授等职。王季绪有强烈的爱国主义思想，“九一八”事变发生后，时任北方著名学府北洋工学院教务长、代理院长的王季绪率先行动，通电全国，呼吁国民党政府出兵抗日，并公开宣布绝食，以示抗议。此举在当时的抗日爱国运动中起了带头作用。消息传出，各界爱国人士纷纷致函电表示支持慰问，各大报纸亦发表消息或社论。不久天津学生组织成立抗日救国会，北洋学生是为主要骨干。1935 年 10 月 10 日，王季绪和刘仙洲、杨毅、李辑祥、庄前鼎等人联名发起成立中国机械工程学会，为该会创始人之一。

王守则（1896—1957），王季烈次子。

毕业于北洋大学，历任东山莫厘中学校长，苏州工专土木系主任，解放后合并至西安冶金建筑工程学院，为国家培养大批建设人才。

王守泰（1908—1991），王季烈三子。

1930 年毕业于北平大学电机系，1933 年到英国、德国进修，曾任德国 AFG 厂工程师。抗战期间在中央机器厂任发电机分厂厂长，设计、制造了第一批国产水轮机，研制木炭汽车，解放后任职江南大学兼苏州工专教务长，南京工学院（现东南大学）动力系教授，省政协委员。他在昆曲方面的贡献见前文。

王守竞（1904—1984），王季同长子。

1918 年入苏州工专，1922 年入清华，后留学美国获博士学位。他和周培源、吴大猷是中国最早的三位理论物理学博士。1927 年王守竞第一次把量子力学应用于分子运动的研究，取得了国际公认的成果。他对波函数和转动谱进行了计算，对钠蒸气与汞原子碰撞中的激发态进行了研究，并且求出了多原子分子非对称转动谱能级的公式，后来被称之为“王氏公式”。1929 年，王守竞参与筹建浙大物理系。1931 年，任北京大学物理系主任，王守竞在北大建立了真空系统、阴极溅射、磨制精密光学元件等设备，为北京大学物理系奠定了科研基础。王守竞是中国物理学会的创始人之一，并担任过副会长，主持编写英汉对照的物理学名词。1933 年，国立编译馆请中国物理学会提出物理学名词译名的初稿并审核物理学名词，成立了由王守竞等 7 人（其他 6 人是杨肇燫、吴有训、周昌寿、何育杰、裘维裕和严济慈）组成的物理学名词审查委员会。为我国物理学名词的统一与审定做出过突出的贡献。

王淑贞（1899—1991），王季同长女。

医学专家、医学教育家。1917 年，王淑贞入苏州女医堂。次年，考取清华大学庚子赔款奖学金，赴美留学，先后就读于波尔狄摩高等女子大学、芝加哥大学。1921 年考取美国霍普金斯大学医学院，1925 毕业并获医学博士学位。1926 年回国后，长期在上海从医从教，历任上海西门妇孺医院妇产科主任，兼上海女子医学院教授，1932 年任该医学院首任中国籍院长。新中国成立后，王淑贞历任上海医科大学教授、妇产科医院院长、妇产科研究所所长。1960 年，主编了我国第一部高等医学院校统一教材

《妇产科学》，此后又主编了《现代妇产科理论与实践》等书，多次获奖。王淑贞是我国妇产科学奠基人之一，与著名妇产科专家林巧稚齐名，有“南王北林”之誉。

王明贞（1906—），王季同次女。

王明贞是我国著名的、也是最早的女物理学家之一。1906 年出生于苏州。1930 年燕京大学物理系毕业，1932 年获硕士学位。1938 年赴美留学，在密西根大学读理论物理。王明贞对统计物理学，尤其是玻耳兹曼方程和布朗运动有深入系统的研究，早年在布朗运动、雷达噪声等理论研究方面所做的开创性工作。她首次独立地从福克—普朗克（Fokker-Plank）方程和克雷默（Kramers）方程推导出自由粒子和简谐振子的布朗运动，1944 年夏季，王明贞根据博士论文阶段的工作，与乌伦贝克教授合作写了一篇关于布朗运动理论的文章，刊登在 1945 年的《近代物理评论》上。这篇文章发表以来的半个世纪里，一直被认为是了解和研究布朗运动的最主要的参考文献之一。到 2001 年，该论文已被国际科学界引用了 1278 次。

王守融（1917—1966），王季同次子。

精密机械及仪器学家和仪器仪表工程教育家。中国仪器仪表工程教育和计量测试技术的开拓者，我国精密机械与仪器仪表学科的创建者之一。长期从事精密机械及仪器科学理论与技术的研究与教学工作，取得了既有理论意义又有实用价值的研究成果，培养了一批仪器仪表工程和计量测试技术方面的高级专门人才，为发展我国仪器仪表学科与技术做出了重大贡献。

王守融 1927 年在上海私立昌进中学附小毕业，1933 年在上海大同大学附中理科毕业，同年以优异成绩考入我国著名高等学府清华大学，在机械工程系攻读航空工程，年仅 16 岁。1937 年毕业后留校任教。1937 年 7 月抗日战争爆发后，王守融随校南迁昆明，1938 年任清华航空研究所庚款补助研究员，从事飞机性能与结构方面的研究工作，并发表了四篇有关飞机性能及结构方面颇有价值的学术论文。1940 年，在昆明中央机器厂任工程师，并兼任七分厂厂长。1945 年，赴美国与加拿大等地考察，后在加拿大麦哲尔大学从事研究工作，并在加拿大帝国机器厂任机械设计工程师。1948 年回国后，出任上海资源委员会下属的上海机器厂厂长兼总工程师。1949 年 8 月，延聘为南开大学机械工程系教授，年仅 32 岁。1952 年院系调整时，南开大学工学院并入天津大学，王守融任天津大学机械工程系教授、教研室主任、副系主任等职，并负责创建了我国第一个精密机械仪器专业和后来的精密仪器工程系。

王守黎（1912—），王季同三女。

三十年代毕业于清华大学，后赴英国留学，归国后曾协助管理振华女中，解放后住北京，50年代初，她曾和丈夫、著名物理学家陆学善合译了《物理实验室应用技术》一书。他们在前言中强调，要通过学习资本主义国家的实验技术来创造我们的技术，反映了他们一贯的爱国主义思想和奋斗目标。

王守武（1919—2014）王季同三子。

生于1919年，1941年毕业于上海同济大学。1945年赴美国留学，先后获硕士、博士学位。1956年7月我国第一个半导体研究室成立，王守武被聘为研究室主任。次年，由他组织领导的数十名科技工作者设计制造出了我国第一台控制半导体锗材料的单晶炉，并在不到半年的时间内试制成功了第一根锗单晶体，同年11月，制造出了我国第一批锗晶体管。1958年，他与弟弟王守觉等人研制成功了我国第一批锗高频合金扩散晶体管。是年，他还研制成了我国第一根硅单晶体，并领导创建了我国最早的生产晶体管的工厂。1963年，他组建了激光器研究室，同年研制成功了我国第一台半导体激光器。1978年，又接受了大规模集成电路的研制工作，并于次年研制成功了MOS。1980年当选为中国科学院院士。1983年，出任大规模集成电路顾问组组长。1998年，以79岁高龄担任中国科学院微电子中心名誉主任。

王守觉（1925—2016），王季同四子。

原名王守平，1925年生。早年在苏州彭氏小学、东吴大学附中、同济大学机电系读书。解放后，王守觉在上海电器厂工作，参与我国第一个铁路自动化装置研制工作。1957年10月至1958年3月，派往苏联学习考察。回国后，研制成功了我国第一支高频晶体管，解决了当时计算机急需的晶体问题。1963年研制成我国第一支硅平面管，次年获国家科委、计委联合评定的国家新产品一等奖。1970年，他研制成了我国第一批集成电路——具有130个与非门功能的大规模集成电路逻辑电路。1980年当选为中国科学院院士。从20世纪90年代末起，研究领域由原半导体转向人工智能的研究。

王守中（1916—1983），王季绪长子。

早年留学美国亚伯丁工学院攻读光学仪器。解放后任中科院长春光机所实验厂副总工程师，对几大重点产品均有贡献。

除上述诸人外，据《东山镇志》记载，洞庭东山王氏的其他家族成员当今尚有王季卿、王季霆、王季瑞、王守坦、王义强、王义翘、王义祥等二十余人在国内外各大学和研究所任教授、研究员或高级工程师，可见洞庭东山王氏确实称得上是教授世家了。

近代洞庭东山王氏家族联姻的有很多是名门望族，如灵石何氏、苏州程氏、绍兴俞氏等，这些家族在当时也是人才辈出。除王氏家族直系成员外，其姻亲在学术上有重大贡献者也比比皆是。如著名科学家何怡贞、葛庭燧、何泽慧、钱三强、何泽涌、何泽瑛、俞启忠、陆学善等均是王氏家族姻亲。另外王氏家族姻亲中还有董同龢、程毅中等著名人文学者。

（二）王氏家族成员教育活动简介

在科技活动的同时，王氏家族成员也积极投身于教育事业，除不少成员任各大学教授外，王氏家族近代在苏州还办了几所学校，从事办学的主要是王氏家族的女性成员。

近代王氏家族办学的先驱是王颂蔚的妻子王谢长达（1848—1934），她字铭才，婚后从夫姓。清光绪三十一年（1905），王谢长达与友人陈星昭、蒋振懦等人捐募千余元，以“振兴中华”为办学目的，创建“振华女校”。翌年，添设简易师范科，培养小学师资。民国元年（1912）因经费故，简易师范科并入省立第二女子师范，另增设幼儿园一所。

1917年，振华女校由王谢长达三女王季玉接管校务。王季玉先留学日本，后在美国攻读植物学，获硕士后1917年归国。她谢绝了各地的高薪邀请，继承母业接任振华女学校长，为献身教育事业而终身未嫁。她在振华女学及简易师范的基础上扩大学校的规模，专心擘画，锐意进取，学校成绩斐然，声誉日著。当时的许多社会贤达，学者名人对学校热情关怀。李根源、叶楚伧、竺可桢等人都是振华的校董，中国现代教育的奠基人章炳麟、蔡元培先生更是从学校创办开始就鼎力支持，并亲任校董，过问校政。著名学者胡适之，吴贻芳、贝时璋、陶行知都曾来到学校演讲。美国教育家杜威夫人、法国孟纳博士、美国陀开大学教务主任罗素博士及夫人、英国剑桥大学院长佛莱女士先后莅校指导讲学，对学校成就倍加赞誉。陶行知先生曾评价“振华是数一数二的学校，是振兴女子教育最早的先锋”。该校也培养出了一大批德才兼备的女生，很多人成为各条战线上的骨干，如杨绛、何泽慧等人都是从振华走出的。著名社会学家费孝通先生，也曾在振华中学部就读一年，是该女中唯一的男生，数十年后，费孝通还对王季玉校长“爱的教育”念念不忘。

洞庭东山王氏家族所办的振华女中对近代苏州的教育起到了巨大的推动作用，正是在振华女中的成功示范下，苏州才掀起了私立办学之风，加快了苏州近代教育事业的发展。

王颂蔚幼女王季常嫁与苏州著名金融世家程氏，受其母谢长达及其姊王季玉的影响，王季常也很重视教育。她在程氏家族财产中拨出一笔经费，于 1933 年筹备建设一所学校，以程氏的郡望拟名安定中学，选址在相门内新学前学宫东面，建造教学及办公大楼一座和平房约二十间，在当时是一所设备比较完善的学校，最初暂名为“私立安定高级会计科职业学校”。1934 年 8 月正式招生，试办两年后，因适应各方面的条件，定名为“私立安定初级商科职业中学”，于 1936 年正式被教育局批准立案。1945 年抗战胜利后，王季常聘请五哥英国剑桥大学工学士、原北洋大学教授王季绪出任校长，力图振兴，初现成效。解放后该校上交人民政府。

另外王颂蔚的另一女儿王季昭也积极投身教育事业，她在美国留学攻读社会学后，也回国执教于振华女中。

综上所述，我们可以看到近代以来王颂蔚家族及其姻亲出现了一大批科技泰斗和教育专家，他们有的对近代中西科技交流做出了重大贡献，有的发现了重要的定律和公式，他们对中国近代的数学、物理、化学、机械诸学科的形成都有开创之功，人数之多、成就之高在整个中国近代史上是绝无仅有的。近代的王氏家族成员之所以能够取得这样大的成绩，一是王氏家族本来就极其重视教育，家族成员的传统文化功底都比较扎实，近代王氏家族成员又大多都有在英、美等发达国家留学的经历，在中西知识的融会贯通中，王氏家族成员就比较容易取得成就。二是家族内部成员之间相互影响、相互促进。王淑贞、何怡贞、何泽瑛、王守武等人在回忆自己的成长历程时都无一例外地提到王氏家族内部成员之间的言传身教对自己的促进作用。洞庭东山王氏家族成员及其姻亲为中国近现代科技教育事业做出的杰出贡献不但是中国科技史上的佳话，也为我们今天的民族教育事业提供重要的启示。

七、东山王氏家族排行字辈、家谱及遗迹

作为数百年来的吴中望族，洞庭东山王氏家族至今仍留下了不少文化遗存，下面就简单谈谈王氏家族的排行字辈、家谱和故居。

（一）排行字辈

洞庭东山王氏家族现在的宗族排行字辈是“延有国祚，斯显奕世。伯仲希仁，叔季守义。民彦思忠，元良允治。太平万年，臣子素志”。该字辈原为王鏊所作，其中

“有”原作“祐”，为避明孝宗朱祐樘讳而改。“太平万年”原作“大明万年”，清初文字狱大兴，为了避免因此而遭祸，王氏族长专门召集族人商议，最后把“大明”二字，改为“太平”，至今未变。据悉王氏现在已经传到了“忠”字辈。从王氏排行字辈的演变上我们就可以看到其久远的家族历史。

（二）家谱

作为望族，洞庭东山王氏家族也很重视于家谱的纂修，早在明代弘治年间王朝用和王鏊就开始修订家谱。王氏家谱之名也历经变迁，王氏共二十一望，王家先世属于何望已经无从考证，所以王鏊纂修家谱的时候仅称《王氏家谱》，不系郡望，大概是不敢强定所出。清乾隆年间王世钧重修时，不知何据定郡望为太原，改称《太原家谱》。但王鎏认为定太原为郡望，证据不足，故所辑谱略名曰《洞庭王氏谱略》，以所居地名谱。民国间王季烈重修家谱时认为洞庭有东西两山，而王氏世居东山，初无居西山者，认为如果以洞庭王氏名谱牒，犹嫌含西山在内。于是就以洞庭东山主峰莫厘题谱，名之为《莫厘王氏家谱》，认为这样方切合先世所居之地，也免去强定郡望之忧。从家谱名字的变化上也可以看出王氏家族求真求实的精神。

洞庭东山王氏家谱现存四种，分别是王世钧纂修的《太原家谱二十卷首一卷末一卷》，清乾隆三十八年（1773）刻本；王仲鎏等纂修的《太原王氏续修家谱二十卷首一卷末一卷》，清道光六年（1826）刻本；叶耀元等纂修的《洞庭王氏家谱二十八卷首一卷末一卷》，清宣统三年（1911）木活字本；王季烈等纂修的《莫厘王氏家谱二十四卷》，民国26年（1937）石印本。这些家谱为我们研究该家族提供了丰富的资料。

（三）遗迹

洞庭东山王氏现存的遗迹不少，如东山的王鏊墓、遂高堂，学士街的怡老园后楼，十全街的王颂蔚故居等，其中东山陆巷的王鏊故居惠和堂和苏州景德路黄鹂坊桥东的王鏊祠堂保存得较为完整。

王鏊故居惠和堂位于陆巷古村中部，现存建筑属于明基清建，是古代官宦宅第的代表，更是明清时期大型群体厅堂建筑的典型。占地面积5000多平方米，深五进，纵轴三路齐头并进。其间有备弄相通，天井、石库门、封火墙相隔，布局合理，梁架结构均系明式，厅堂都有草架、轩廊，制作精细，用料粗壮，而且大部分是楠木。书楼三开间两层，楼前有一磨砖贴面照墙，高齐楼檐，瓦滴下抛方有“九狮图”砖雕，两端各有花鸟砖雕图案，照墙中央嵌有圆形“丹凤朝阳”，整个图案栩栩如生，刻工精湛。故居附近高耸着探花、会元、解元三座明代牌楼。解放后，惠和堂先后用作太湖行政办事处湖中区政府、太湖乡公社驻地，后又成了陆巷小学的学堂。随着太湖旅游的兴起，越来越多的游人自发地来到陆巷古村，并前往参观惠和堂。于是，从 1998 年起，当地政府先后投资 100 多万元，按明代大户人家格局对惠和堂进行改造。如今以惠和堂为中心的陆巷古村，已经成了苏州古村落游的典型代表。也成了《摇啊摇，摇到外婆桥》《红粉》等不少影视片拍摄的外景地。

王鏊祠堂全名王文恪公祠，位于苏州景德路黄鹂坊桥东。该祠堂为其子中书舍人王延喆于明嘉靖十一年（1532 年）奏建，历经清康熙、乾隆、嘉庆、同治、光绪年间多次修缮。建筑坐北朝南，分头门、过厅、享堂三进，彼此以庭院过渡，两侧连以廊庑，占地约 1000 平方米。头门面阔五间，进深五界，硬山顶，明间立砷石，设抱框，置金刚腿，做断砌门，额枋挑门簪一对。过厅面阔五间，进深七界，硬山顶，明间前后设长窗，次间及稍间砌半墙，置短窗。础石均为青石素覆盆式，明间和次间廊柱、金柱、脊柱皆承以木。享堂面阔三间 15.02 米，进深十一界 13.84 米，高 7.66 米，硬山造。前设轩廊，檐枋下饰挂落，次间和梢间檐柱间安栏杆，廊东西两端粉墙壁砖细贡式门洞。前廊柱间装落地长窗，明间八扇，次间各六扇。各柱均承以覆盆式连磉青石础，明间金柱又于础上加置合盆式石。石础雕饰不统一，有缠枝花卉、莲荷婴戏、萱草双鹤、牡丹莲荷婴戏等，雕饰工细。梁架扁作。廊枋上置斗三升隔架科承。脊桁坐斗，缀山雾云，饰抱梁云，雕刻精细。后檐柱间，明间设长窗八扇，次间砌半墙，各置短窗六扇。

王鏊祠是保存较完整的一座祠堂建筑，头门虽已改为清式，过厅和享堂仍为明代遗构。1980 年曾全面整修，现归入环绣山庄一并保护管理。

◉ 2016 年陆巷收入消费抽样调查

2003 年，陆巷由白沙、含山、北望 3 个行政村合并，有 22 个自然村，31 个村民小组。2016 年 12 月，陆巷村对村民全年收入消费进行抽样调查，分收入高、中、低 3 个类别，抽调了含山、白沙二图、北望塔头 3 个自然村。

含山村

位于陆巷古村中部，以茶果生产、旅游业与务工收入为主，一、二、三产业兼备，为2016年陆巷村经济收入最高的自然村。全村156户，604人，421个劳动力，村民经济总收入7258万元，人均收入36546元。

主要收入构成 农业（茶叶、花果）：全村茶果面积611亩，总收入844万元。其中，茶园面积252亩，收入504万元；花果359亩，收入340万元。

旅游业：建办有玲珑阁、畔山、老振兴、守溪、近湖、馨悦等农家乐、民宿、餐饮38家，以每家饭店净收入20万元计，年收入760万元。

工业：村办企业3家，年税后利润320万元；村中外出年务工收入280万元，合计600万元。

其他收入：养蟹、采莼菜、太湖捕捞等收入43万元。

主要消费构成 日常生活：主要包括柴米油盐等"开门七件事"，以及服饰、出行、婚丧礼仪等支出。以每人年5000元计，合计302万元。

生产管理：用于发展生产，购买枇杷、茶叶、杨梅苗木与排涝抗旱机械90万元，果树、茶叶管理以及购买有机肥、化肥、农药、生产设备90万元，合计180万元。

建房：全村有10户村民新建或翻建楼房、别墅，平均每户造价100万元，合计1000万元。

购车：全村新购轿车与卡车15辆，每辆车平均花费11万元，合计165万元。

教育：在校大中专学生21人，全年在外生活费与学费人均2.5万元，计52.5万元。

医疗：农村实行大病医疗保险后，村民恶、重、大病治疗基本得到保险，国家报销后村民自付部分58.4万元。

旅游：大多至江、浙、沪及华东地区游览，亦有少数村民出国旅游，计50万元。

2016年，含山村经济总收入2247万元，生活、生产支出费用1807.9万元，节余439.1万元。每户约节余2.8万元。

白沙二图村

位于陆巷白沙山麓，西邻十六图，西北濒临太湖。以茶果生产、旅游业与务工收入为主，一、三、二产业兼备，是2016年陆巷村经济收入中档的自然村。2016年12月，有80户，235人，180个劳动力，村民经济总收入858.8万元。

主要收入构成 农业（茶叶、花果）：全村茶果面积370亩，其中，茶园面积150亩，收入300万元；花果220亩，收入212万元，合计茶果收入512万元。

工业：村办企业2家，年税后利润平均为每家企业38万元，全村外出年务工收入

172 万元，合计 248 万元。

旅游业：建办有山村别院、晓春、醉白沙、仁德山庄、山里人家、乐惠等农家乐、民宿、餐饮 11 家，以每家饭店净收入 8 万元计，年收入 88 万元。

其他收入：主要为养蟹、采莼菜、太湖捕捞等收入 8.8 万元。

主要消费构成 日常生活：柴米油盐等“开门七件事”，以及服饰、出行、婚丧礼仪等支出 65 万元。

生产管理：发展生产，购买枇杷、茶叶、杨梅苗木与排涝抗旱机械 11 万元，果树、茶叶管理以及购买有机肥、化肥、农药、生产设备 14 万元，合计 25 万元。

建房：全村有 8 户村民新建或翻建楼房、别墅，平均每户造价 62.5 万元，合计 500 万元。

购车：全村新购轿车与卡车 4 辆，每辆车平均花费 10 万元，合计 40 万元。

教育：在校大中专学生5人，全年在外生活费与学费支出人均1.5万元，计7.5万元。

医疗：农村实行大病医疗保险后，村民恶、重、大病治疗基本得到保险，该村 2016 年有 4 人患上绝症，国家报销后村民自付部分达 50 万元。

旅游：大多至江、浙、沪及华东地区游览，计 3 万元。

2016 年，白沙二图村经济总收入 856.8 万元，生活、生产支出费用 690.5 万元。

北望塔头村

位于陆巷北望村南部，黄家山下，与屯湾交界。以茶果生产为主，务工与旅游收入较少，是 2016 年陆巷村经济收入最低的自然村。有 9 户，35 人，26 个劳动力，村民经济总收入 126 万元。

主要收入构成 农业（茶叶、花果）：全村茶果面积 40 亩，其中，茶园面积 15 亩，收入 30 万元；花果 25 亩，收入 65 万元，茶果总收入 95 万元。

工业：村中外出年务工收入 16 万元。

其他收入：主要为内塘养殖、饲养业等收入 15 万元。

主要消费构成 日常生活：主要为柴米油盐等“开门七件事”，以及服饰、出行、婚丧礼仪等支出 7 万元。

生产管理：其中发展生产，购买枇杷、茶叶、杨梅苗木与排涝抗旱机械 5 万元，果树、茶叶管理以及购买有机肥、化肥、农药、生产设备 10 万元，合计 15 万元。

建房：全村有 2 户村民翻建新楼房，平均每户造价 50 万元，100 万元。

购车：新购小车 1 辆，花费 15 万元。

教育：在校大中专学生 3 人，全年在外生活费与学费支出人均 1.1 万元，计 3.3 万元。

医疗：农村实行大病医疗保险后，村民恶、重、大病治疗基本得到保险，国家报销后村民自付部分 5 万元。

旅游：大多至江、浙、沪及华东地区游览，共 3 万元。

2016 年，塔头村经济总收入 126 万元，生活、生产费用及投资性建房、发展生产等投入，计 148.3 万元。

◉ 主要参考文献

1.〔明〕蔡升撰，王鏊重修 :《震泽编》，明弘治十八年（1505）刻本。

2.〔清〕王世钧纂修 :《太原王氏家谱》，清乾隆十八年（1753）刻本。

3.〔清〕吴永锡纂修 :《延陵吴氏族谱》，清乾隆三年（1738）木刻活字本。

4.〔清〕叶德辉等纂修 :《吴中叶氏族谱》，清宣统三年（1911）东洞庭逵公宗祠木刻活字本。

5.〔清〕叶启绥纂修 :《纪革叶氏支谱》，清康熙三十三年（1694）刻本。

6.〔清〕光绪七年（1881）翁先声等纂修 :《洞庭翁氏世谱》（白沙支）。

7.〔清〕严世权等纂修 :《严巷严氏家谱》，清嘉庆十八年（1813）抄本。

8.〔清〕郑坤撰 :《洞庭记》，清乾隆五十一年（1786）《郑氏世谱》卷四。

9.〔清〕翁澍撰 : 康熙《具区志》，清康熙二十八年（1689）湘云阁刻本。

10.〔清〕金友理撰 :《太湖备考》，清乾隆十五年（1750）刻本，江苏古籍出版社1985年重版。

11.〔清〕吴定璋辑 :《七十二峰足征集》，清乾隆十年（1745）依绿园刻本。

12.〔清〕郑言绍撰 :《太湖备考续编》，清光绪二十九年（1903）刻印，江苏古籍出版社1985年再版。

13.〔清〕王维德撰 :《林屋民风》，清光绪二十一年（1895）洞庭凤梧楼刻本。

14. 王季烈等纂修 :《莫厘王氏家谱》，1937年石印本。

15. 李根源撰 :《吴郡西山访古记》，1929年苏州曲石精庐李氏家木刻版。

16. 叶承庆纂 :《乡志类稿》，1943年洞庭东山旅沪同乡会出刊。

17. 许明煦撰 :《莫厘游志》，1946年洞庭东山旅沪同乡会出刊。1987年重刊。

18. 赵国璋主编 :《江苏艺文志・苏州卷》，江苏人民出版社1993年版。

19. 杨维忠、薛利华主编 :《东山大族》，广陵书社 2008 年版。
20. 杨维忠、金本福、薛利华主编 :《东山艺文志》，广陵书社 2008 年版。
21. 王守清等纂修 :《莫厘王氏续谱》，2009 年广陵书社出版。
22. 杨维忠著 :《东山古建筑》，广陵书社 2009 年版。
23. 杨维忠、金本福编 :《东山教授（上、下集）》，广陵书社 2010 年版。
24.《陆巷村志》编纂委员会编 :《陆巷村志》，古吴轩出版社 2014 年版。
25. 杨维忠著 :《王鏊传》，苏州大学出版社 2014 年版。
26. 杨维忠注释 :《王鏊诗文选》，苏州大学出版社 2015 年版。
27. 杨维忠著 :《莫厘王氏人物传》，苏州大学出版社 2016 年版。

◉ 编纂始末

《中国名村志丛书·陆巷村志》(以下简称《陆巷村志》)是一本地方村志，也是一部历史读物、通俗读物、旅游读物。书中有不少精彩的亮点，这个南宋古村落 800 多年来，“仁者乐山，智者乐水”。历史遗存，灿若群星；民居宅第，古朴恢宏；佳果湖鲜，名扬四海。代代向学，人才辈出，被誉为“宰相状元故里，院士教授摇篮”。

感谢启动了中国名村志文化工程这一项目，陆巷古村落的保护与发展又遇到了新的机遇，必将再创辉煌。回顾《陆巷村志》的编写过程，得到了中央和省、市、区方志办的关心与指示，苏州市与吴中区方志办领导及工作人员的关怀辅导，特别是徐秋明老师从拟定纲目、辅导编写、修改初稿、再改复稿到完成全部文字稿和插图，跟踪全过程，把住了志书的质量关，深被他们的敬业精神、专业知识和辛勤耕耘所感动。

在《陆巷村志》撰稿时，我们力求鱼和熊掌兼得，既尊重名村的历史性与真实性，又着重其可读性。力求运用真实详尽的资料，通俗易懂、生动活泼的语言，全面介绍陆巷古村的精彩之处，引领读者前往旅游观光，在那里可游、可看、可怀古、可探幽，可品尝富有特色的物产，也可领略到当地的民俗风情。

此书的编写，得到了中国地方志指导小组、江苏省地方志办公室、苏州市地方志办公室与吴中区地方志办公室等单位的关怀与指导，得到了东山镇党委、政府的大力支持，王迎元、朱文敖、费绍良、金良华、顾玉明、杨丽、王振明等领导和乡土专家给予了帮助，张颂钧、倪浩文、黄寅、金其传、计龙根等一批同志提供图片，在此一并致谢。

由于时间紧促，又限于经验和水平，错误不妥之处，敬请专家、学者和广大读者予以批评指正。

编　者

2017 年 7 月